AF598955

Récit d'un converti à l'islam sur le chemin de Dieu

Silas Garba

Récit d'un converti à l'islam sur le chemin de Dieu

LE LYS BLEU
ÉDITIONS

ISBN : 979-10-422-1283-4

Introduction

Ce livre a pour but de te motiver dans ta pratique de la foi et de la religion.

Je ne cite pas de sourate ou de versets coraniques, car je ne suis pas spécialisé.

Ici, il est question de développement personnel.

Je parle aussi un peu de moi, de mon histoire et de ma vision du monde.

Je pense être bien placé pour en parler.

Il y a des choses que j'ai constatées et qui m'ont déplu, je ne peux plus me taire.

Je dois chercher à évacuer ce ressenti, ce sentiment d'injustice.

J'ai l'impression qu'on ne m'accepte pas et que ce monde dans lequel je vis n'est pas fait pour moi. Je ne rentre dans aucune case, je suis en décalage permanent.

Je suis croyant et je vais te raconter mon histoire, te motiver, te raconter des anecdotes et te parler de la religion que j'aime : l'Islam.

Je n'aime pas me plaindre.

Peut-être que mon parcours est différent des autres et ça, je dois l'accepter.

Rien ne prédestinait, pourtant, à ce que je prenne l'écriture comme thérapie, mais je n'ai que ça et Dieu dans mon quotidien ; alors l'écriture est une histoire d'amour.

Peut-être une des plus belles de ma vie.

Elle revient à moi, de temps à autre, pour m'inviter à dire ce que je ressens.

Elle ne me juge pas, elle m'écoute et me laisse ce sentiment de liberté, la sensation que je suis maître de mon destin, que je peux inventer des univers, des situations, des images.

Je peux devenir réalisateur d'un film à suspense comme d'une histoire d'amour merveilleuse.

Avec l'écriture, je reprends le pouvoir, car j'ai le sentiment que je peux changer le monde.

Créer.

J'écris pour me soulager, pour relâcher mon esprit pour dire ce que je pense, pour extérioriser, pour voyager.

Je ne suis pas un donneur de leçons, je ne dirais jamais à quiconque tu dois faire cela pour réussir pour cela, car je ne suis pas un exemple, loin de là.

Comme tout le monde, j'ai des défauts et j'essaie de les chasser.

L'écriture me permet de survivre, elle est un remède à la solitude, car on peut parfois se sentir seul dans la vie.

Et c'est mon cas.

Mais cette solitude me paraît bénie, elle est une ressource, elle est un refuge.

Les solitaires me comprendront.

Une épreuve de la vie peut vous clouer au lit et c'est pour cette raison que je pense que dans la vie il ne faut juger personne.

Car tout peut arriver.

Une chose peut arriver et vous rendre faible, incompris.

La vie est un combat, je suis bien placé pour le savoir, j'ai grandi dans une cité à savoir l'école de la vie.

Tu grandis avec peu, mais tu ne manques de rien.

Tu manques de tout, mais tu as tout.

Étrange, mais réel.

On nous appelle les banlieusards, les mecs de cités.

Noir, Arabe, Français, Chinois, on a grandi tous ensemble, on est comme tout le monde, on partage une histoire en commun, celle d'être des immigrés ou des Français de première ou seconde génération.

Chacun a son histoire, chacun a dû faire ses efforts pour tout reconstruire dans un nouveau pays.

Tout reprendre à zéro.

Pour ma part, je dois dire que l'intégration dans ce pays est une épreuve.

Une aventure.

Un chemin.

Mais ce n'est pas de cela qu'il s'agit pour le moment.

Et puis je n'ai pas envie de rentrer dans des cours d'histoire ou de sociologie alors que je n'en ai pas les compétences.

Moi ce que j'aime c'est la paix, la joie, l'originalité, l'amour, la noblesse des comportements et des sentiments.

Les scénarios et les citations, les chansons, l'art, la vie.

Parfois, je perds confiance, je me dis que le sort s'acharne et que je ne trouverais jamais de solutions pour réussir, mais on est tous un peu dans ce cas je crois.

Ce livre n'a pas un but univoque, c'est un livre qui se lit tout simplement : je partage ma vie, mes pensées, mon univers et ma vision du monde. Un homme de 35 ans avec ses ambitions, ses échecs et son amour pour Dieu.

Bienvenue dans mon univers.

Bienvenue dans ma galaxie.

Je suis dans cette salle de classe, j'ai 24 ans, je suis en BTS Tourisme.

C'est un milieu essentiellement féminin, dans la classe nous ne sommes que 3 garçons sur environ 30 élèves.

C'est une sensation particulière d'être entouré de femmes tout le temps pour moi qui viens d'un quartier où la mixité n'est pas la norme.

Au quartier, on est toujours entre mecs et on sort en boîte ou au centre-ville pour pouvoir parler à des femmes.

C'est la mission et on n'est pas toujours sûr de conclure. Résultat, beaucoup d'efforts pour pas grand-chose.

J'ai la chance d'aimer les études et le savoir.

J'apprends donc à connaître toutes ces femmes camarades de classe aussi différentes les unes que les autres, aussi charmantes, les unes que les autres.

Je suis intimidé.

Mais je le cache pour ne pas paraître insociable.

Je le cache bien.

Je me fais passer pour l'étudiant, poète séducteur, et ça marche.

Je me fais rapidement des amis.

Je fais de ma faiblesse une force et ça plaît.

Ce jour-là, nous sommes en cours et une camarade de classe me montre son profil Facebook, je ne connais pas ce site. J'en ai entendu parler, mais je ne suis pas vraiment intéressé par les réseaux sociaux.

En 2012, Facebook commence à être à la mode partout dans le monde.

Elle me présente l'application comme une révolution.

Elle me demande de créer un profil afin de découvrir et me dis que je pourrais gagner de nouvelles amitiés.

J'accepte volontiers.

Je découvre Facebook.

La magie des réseaux sociaux.
Le nouveau monde.

Internet.

Je pense qu'internet est une révolution formidable.

On a réussi à se relier partout dans le monde, on est tous en contact, on se comprend tous, on a accès à tout. Je trouve cela génial.

Je crée mon compte Facebook avec le pseudo Silas Garba.

Silas, c'est mon prénom et Garba est une contraction de mon nom de famille paternel Ngarbatem.

Sur Facebook, on partage sa vie, ses pensées, ses humeurs, ses chansons, on montre qui on est ou plutôt, on montre ce qu'on veut que les gens voient de nous.

On se crée le profil le plus intéressant possible afin de plaire.

Le but c'est de plaire, que l'on soit homme ou femme, vieux ou jeune, on essaie de montrer le meilleur de soi-même.

C'est la compétition. Ça n'a pas de sens.

C'est vrai pourquoi vouloir plaire à tout prix.

Pour obtenir de l'amour, pour flatter son ego, pour se sentir bien dans sa tête.

Avoir des likes est aujourd'hui un défi, une reconnaissance, un sentiment de toute-puissance.

Si j'ai beaucoup de likes, cela veut dire qu'on m'aime, mais est-ce vraiment cela l'amour ?

Je ne le pense pas.

Sur ton profil Facebook, en général, il y a les gens que tu connais comme tes amis, ce sont ceux que tu vois dans la vie de tous les jours que tu appelles au téléphone et que tu vois pour boire un verre, fumer ou rigoler.

Et puis tu as les gens que tu connais de loin et puis les inconnus.

Si je parle de Facebook, c'est que cette révolution est plus puissante que ce qu'on veut nous faire croire.

Si Facebook, Instagram et autres réseaux sociaux disparaissaient, je pense qu'on reviendrait à la vie normale, c'est-à-dire être et ne plus paraître.

Ce livre est fait par un mec de quartier c'est vrai, mais il n'est pas destiné qu'à ceux-là, il est destiné à tout le monde c'est un livre sur l'espoir, la paix.

Le message est que personne n'est condamné à l'échec, que tu sois noir, blanc, handicapé ou autre. Tout le monde a sa chance, tout le monde peut être heureux.

Chapitre I
Qui suis-je ?

J'ai 35 ans et comme la majorité des trentenaires de mon âge je suis né dans les années 1980.

À cette époque tout était différent. Il y avait bien sûr toujours des problèmes, mais les grands du quartier se cachaient pour boire et fumer.

Ils ne voulaient pas donner le mauvais exemple aux plus petits et si un grand avait le malheur de te voir en train de faire une bêtise, il te faisait la morale.

La vie au quartier était le plus souvent paisible et toutes les familles se connaissaient.

On s'appelait pour jouer au ballon toute la journée, on allait à l'école, on était enfants, on ne se souciait de rien.

On vivait, on jouait, on s'amusait.

Il n'y avait pas de différence, on s'en fichait de ta religion, ta couleur de peau ou ton origine.

On était simplement ensemble et on s'aimait.

On était des frères et sœurs qui vivaient au même endroit sans vraiment savoir pourquoi, mais sa nous suffisait à être heureux.

L'enfance est une période importante, c'est le moment ou on grandit ou on découvre le monde qui nous entoure.

On découvre ce qu'est la vie, et ce qu'on veut, c'est jouer et profiter.

On peut être une bande de dix sans être soupçonné de quoi que ce soit, on est innocent.

Mais cela ne dure qu'une période malheureusement.

C'est à l'âge de 12 ans que l'on repère et détecte un problème chez moi.

L'été, je fais des allergies au pollen.

Le pollen est un agent présent dans les arbres et les fleurs et au printemps lors du bourgeonnement le pollen se répand dans l'air.

J'avais alors les yeux qui se mettaient à gratter au point que je ne pouvais plus voir, tellement je me grattais, ils pleuraient et devenaient rouges.

J'éternuai, je ne me sentais pas bien.

C'est alors que le médecin m'annonce que je suis un individu hypersensible.
L'individu hypersensible est une personne qui ressent et vit les choses avec plus de profondeur et de sensibilité.

Souvent l'hypersensible se posera la question de sa gentillesse, sa douceur et verra que tout cela est naturel chez lui, il aime rêver et penser, il est souvent passionné et intelligent, il aime la nature, les animaux, le rapport avec les autres, en gros il est trop gentil, trop fragile.

Cet excès de gentillesse naturel chez lui se développe, mais avec le temps il découvre que cette gentillesse est une faiblesse, car elle ne lui permet pas de se faire respecter.

Le gentil, on ne le craint pas, on le néglige, on le maltraite.

On sait qu'il est inoffensif donc on peut lui faire tout ce que l'on veut, on sait que ça n'entraînera aucune conséquence.

Très poli et courtois c'est bien, mais ce n'est pas cela qui fait vivre.

Le gentil aujourd'hui on s'en méfie, on le rejette, on trouve qu'il manque de personnalité.

La bonté est dévalorisée.

Aujourd'hui pour être respecté il faut être craint, pour régner il faut savoir s'imposer par la force quelquefois même par la cruauté.

Les hypersensibles sont des personnes qui aiment le respect, la paix, l'amour.

Ils sont similaires aux anges, car ils ne vivent que par l'amour, le respect.

Un hypersensible sera outré de voir une bagarre, ne comprendra pas que des personnes puissent en arriver à se faire du mal.

Il comprend la souffrance des autres et son seul but est d'aider les autres.

Si vous connaissez une personne comme cela dans votre entourage, protégez-la et donnez-lui de la considération. Les personnes bonnes se font rares de nos jours.

Si le bien disparaît complètement, alors nous serons proches du chaos.

Le mal se répandra sur terre et personne ne pourra l'arrêter, c'est ce qui se passe actuellement.

Le mal a pris le pouvoir sur terre.

Attentats, guerre, pillage, trahisons, aujourd'hui nous n'entendons que cela.

Chaque jour une histoire plus sordide que la veille est découverte.

Comme tout le monde, l'hypersensible a des défauts, c'est loin d'être un ange, mais sa hantise c'est le mal.

Mais il apprendra au cours de sa vie et souvent à ses dépens que le diable est partout, que le mal est sur terre et qu'il faut vivre avec.

Et il faut le repousser, le combattre, avec nos moyens.

Touchées par la misère du monde, les personnes trop sensibles vivent un enfer.

Elles ont du mal à être heureuses, elles paniquent et pour elle l'idée de vivre est difficile.

Je le sais, je l'ai vécu, je suis moi-même un hypersensible, donc je peux en témoigner.

On se protège, on se renferme sur soi-même à en devenir fou, on se trouve différents des autres, bizarre, et ça aussi sa nous fait mal.

Le monde du travail est une épreuve, on s'y sent très mal à l'aise, on a envie de rentrer chez soi rapidement, on réfléchit trop, on se dit que c'est absurde que de devoir travailler pour survivre et si on dit que l'on n'aime pas travailler on est traité de profiteur du système, de faignant, de cassos. Avoir une vision différente des choses est un risque.

On s'éloigne par sa manière de pensée, on se coupe du groupe, on peut même devenir insociable tout simplement.

Rester avec du monde nous est plus préjudiciable que de rester seul.

On n'aime pas le bruit, les boîtes de nuit, l'agitation.

On préfère le calme et la prière.

Les personnes dures dans la vie sont souvent des personnes qui étaient très gentilles à la base.
On ne devient pas dur du jour au lendemain, c'est un processus.

Quand vous avez été trahis plusieurs fois, le cœur ne suit plus, il est blessé donc le cerveau doit le protéger au maximum, alors on change sans s'en rendre compte, sachez cela. Tout le monde a un cœur, mais certains sont devenus méchants, car c'est la société qui les a rendus comme cela et ils ont fait le choix de choisir le camp du diable pour réussir.

De nos jours, c'est la tendance, pour être respecté il faut être un bad boy.

Pour plaire aux femmes, il faut être riche, avoir du caractère, être séduisant.

Le poète timide ne plaît plus, sa sensibilité ne touche plus, on se moque de lui, on lui reproche d'être un rêveur de ne pas être dans la réalité.

Un jour je discutais et flirtais avec une jeune femme de 22 ans qui débutait sa vie en appartement et dans son travail.

Nous étions en train d'échanger sur Facebook et pendant près d'une demi-heure, elle ne me parlait que d'argent, de sa décoration, de son dernier pantalon, de ce qu'elle voulait faire pour gagner plus, etc.

Pas une seule fois, elle ne s'est intéressée à moi, ne m'a demandé si j'allais bien.

Elle était tellement focalisée sur le matériel, que ça en était inquiétant, je me suis dit, si je termine avec une personne avec cette mentalité qu'est ce qui m'attend au quotidien.

Aujourd'hui, personne ne peut dire le contraire, l'argent est roi, les stars sont érigées comme des personnes à part, au-delà du commun des mortels, des influenceurs, des personnes qui sont là pour nous faire rêver, des exemples de réussite absolue.

On trouve normal qu'un footballeur professionnel soit payé des millions et qu'un pompier soit payé 1600 euros net par mois.

Le pompier sauve des vies, il est sportif de haut niveau lui aussi, pourtant lui ne passe pas à la télé et n'est pas payé de la même manière alors qu'il sauve des vies tous les jours !

J'adore le football, j'y ai joué, je suis moi-même un grand supporter de l'Olympique de Marseille, mais je suis désolé, pour moi le football ce n'est plus un sport.

C'est un business organisé lucratif ou l'argent coule à flots et ceux qui font partie de cette machine profitent pour devenir de plus en plus riches.

Certains vont trouver cela normal et vont dire que c'est l'évolution, mais le montant de leur salaire est exagéré comparé à d'autres métiers plus utiles.

Dans ce monde la logique n'est pas de mise, c'est l'argent qui règne.

Avec l'argent vous pouvez tout régler, vous pouvez vous vêtir, vous nourrir, vous acheter de belles voitures, avoir de belles choses, être heureux, ne pas avoir de problèmes, être respecté.

L'argent et la richesse ont toujours fait rêver dans toutes les époques.

Dieu dit dans le Coran « La course aux richesses vous distrait jusqu'à ce que vous visitiez les tombes ».

Avoir toujours plus c'est ce que l'humain veut, c'est ancré en lui, ça fait partie de lui, c'est dans son ADN.

Chapitre II
Pourquoi écrire un livre ?

Ce livre est là pour donner mon point de vue sur plusieurs sujets.

Peut-être que vous ne serez pas d'accord avec moi.

Chacun a sa manière de voir les choses, ses idées, je ne suis pas un sage et je n'ai aucune qualification de sociologue ou psychologue.

Ce livre, c'est le livre d'une personne issue des minorités ; je l'écris, car j'ai besoin de partager mon point de vue sur le monde qui m'entoure.

Notre époque est fascinante, car nous sommes dans un pays où nous avons tout à disposition, de l'argent, de l'eau potable, des hôpitaux, des magasins, des voitures, des téléphones.

On est équipé et le niveau de vie de la majorité de la population en France est considéré comme convenable.

Je pense que la France est un pays où il fait relativement bon vivre.

Malgré certains problèmes, la sécurité est assurée et vous pouvez vous promener dans la rue sans être agressé en général.

Tout le monde peut se faire soigner, imaginez qu'il y a quelques années en arrière cette qualité de vie aurait été impossible.

Je pense que nous pouvons être fiers de faire partie de cette nation, quelle que soit son origine, sa religion ou sa manière d'être, on peut vivre en paix.

La paix est inestimable ; il ne faut jamais l'oublier.

Rappelons que la vie est inestimable et chaque jour que je me lève je suis heureux d'être là, en vie, reconnaissant de la faveur que Dieu m'a donnée de pouvoir exister.

Le fait d'être conscient de cela rend heureux, car on sait que l'on fait partie des privilégiés dans le monde.

Dans les quartiers, certains ont tendance à rabaisser et insulter la France, mais je trouve que cela n'est pas juste.

Nos ancêtres africains se sont battus pour que nous puissions avoir cette paix, ils nous ont offert cet eldorado par leurs combats aux côtés de la France.

Je pense que l'on doit respecter cela et profiter de cette France qui reconnaît nos ancêtres dans leur histoire et respecter la France et les Français.

Le respect des autres c'est cela qui crée les conditions de la paix entre les peuples.

C'est essentiel pour le bien-être de tous.

L'affaire Mila a déchaîné les passions.

Cette jeune femme à peine majeure a manqué de respect à une partie des Français, et cela a créé de la division.

Dans un live sur Instagram, elle a affirmé :

« Je déteste la religion. [...] Le Coran il n'y a que de la haine là-dedans, l'islam c'est de la merde. [...] J'ai dit ce que j'en pensais, vous n'allez pas me le faire regretter. Il y a encore des gens qui vont s'exciter, j'en ai clairement rien à foutre, je dis ce que je veux, ce que je pense. Votre religion, c'est de la merde, votre Dieu, je lui mets un doigt dans le trou du cul. Merci, au revoir. »

Elle a le droit d'avoir sa liberté d'expression et de ne pas être d'accord avec l'Islam, mais elle a le devoir de respecter les musulmans.

Tout comme les musulmans doivent respecter les chrétiens ou les athées.

Cela va dans les deux sens.

Il n'y a aucunement deux poids deux mesures.

Les religions sont là pour améliorer la qualité de vie. Se rapprocher de Dieu est nécessaire pour beaucoup de personnes et je pense que toute croyance doit être respectée.

C'est magnifique de vivre tous ensemble et c'est comme cela dans la majorité des quartiers.

Au quartier, je peux aller chez mes voisins maghrébins alors que je suis d'Afrique centrale, mon voisin d'origine française peut venir boire un café à la maison et cela ne pose de problème à absolument personne, il ne m'impose rien et je ne lui impose rien.

On discute, on se respecte.

C'est la base.

On n'est pas obligé de s'aimer, mais on est obligé de se respecter.

Ne fais pas à l'autre ce que tu ne voudrais pas que l'on te fasse.

Je pense notamment que beaucoup de gens ont du mal à considérer cet adage.

Chapitre III
Personne n'aime les pauvres

2022 : En France, 10 millions de personnes vivaient sous le seuil de pauvreté.

Cela veut dire que toutes les personnes concernées touchent moins de 1000 euros par mois.

Je suis moi-même sous le seuil de pauvreté, car je touche en moyenne 1000 euros par mois du fait de mes activités.

Il est très difficile de s'en sortir en France et même la classe moyenne aujourd'hui se plaint de perdre sa qualité de vie.

Le pays n'a jamais été aussi riche et en même temps, beaucoup rencontrent des difficultés à se nourrir, se vêtir, avoir des loisirs.

Être pauvre, c'est être disqualifié, voire méprisé par la société.

Dans cette société, il faut correspondre aux standards si on veut être respecté.

Vous devez avoir votre logement, votre voiture, assez d'argent pour emmener votre femme au cinéma ou en vacances, assez d'argent pour réparer la voiture, c'est une course sans fin pour améliorer sa qualité de vie.

La vie ne fait aucun cadeau, si vous n'avez pas le diplôme qu'il faut, la tête qu'il faut, si vous ne donnez pas l'image que l'on attend alors vous êtes exclu et vous galérez.

Je vais souvent sur Facebook en voyant des commentaires sur les personnes qui touchent le RSA et beaucoup pensent que ce sont des fainéants, des assistés, des cassos.

Personnellement, cette violence envers les pauvres, je la trouve insupportable.

Tout le monde n'a pas la même capacité, tout le monde ne peut pas travailler et cela, il faut le comprendre.

Le monde du travail a ses codes, son règlement et ses exigences (arriver à l'heure, faire son travail correctement, s'entendre avec la hiérarchie, etc.)

Certains ne peuvent pas faire cela et si vous leur enlevez leur RSA, ce sera un cassus belli.

Il faut arrêter de juger les autres, chacun a son parcours et nous ne sommes pas tous nés sous la même étoile.

Ce qui détruit tout c'est le manque de tolérance envers son prochain.

Le monde dans lequel nous vivons est devenu dur, cruel, sans pitié.

Est cela que Dieu a voulu pour nous ?

Que l'on marche sur le pauvre.

Ce capitalisme a fait de nous des prédateurs, les personnes à salaires conséquents et diplômes de renom se considèrent au-dessus de la masse sous prétexte qu'ils possèdent des biens, mais avec le temps j'ai compris que la qualité d'une personne ne se mesure pas à ce qu'elle a sur son compte en banque, mais plutôt sur ses principes.

Respectons-nous, peu importe la situation dans laquelle nous sommes.

Arrêtons de sous-estimer le pauvre.

Le pauvre est aimé de Dieu, car le pauvre aura tendance à demander de l'aide à Dieu donc il ne faut pas le rabaisser.

Dieu pourrait changer sa situation tout comme il pourrait changer celle du riche.

On nous a fait croire à force de publicités et propagande que la richesse faisait la valeur d'une personne.

Mais a-t-on déjà parlé du fardeau du pouvoir ?

Je m'explique.

Quand vous avez beaucoup de moyens, vous faites de nombreuses activités et au bout d'un moment à force d'avoir « tout fait », on se lasse.

Certains dépassent les limites et tombent dans des travers inquiétants.

C'est peut-être pour cette raison, que l'on entend beaucoup de célébrités riches et puissantes sont confrontées à des histoires de viol.

Je ne dis pas que tous les nantis sont dans des travers, car la plupart sont sains d'esprit, mais certains, pris dans l'ivresse du pouvoir, commettent des erreurs importantes.

Le chanteur de RnB R Kelly ou encore les accusations sur Michael Jackson, Claude François et bien d'autres.

Un milliardaire américain, proche de Donald Trump s'est d'ailleurs suicidé en prison, car il était le principal suspect dans une affaire de trafic de mineures.

Attention, je ne dis pas que l'argent corrompt nécessairement toutes les personnes qui en ont beaucoup, mais le fait d'avoir énormément de pouvoir sur tout ce que contient la terre est un danger pour la personne qui souhaitera connaître des sensations fortes au point de ne plus respecter les lois.

Les affaires de prostitution à Dubaï en sont la preuve.

À notre époque, certains riches sont prêts à tout transgresser, ne respectant plus rien en faisant venir des femmes et en les exploitant sexuellement.

L'argent est un bon serviteur, mais un très mauvais maître.

Excusez-moi du peu : de nos jours, le respect disparaît de plus en plus et notamment sur les réseaux sociaux qui sont un espace où tout paraît permis.

Comme chacun est derrière son écran, les dangers de la vie réelle sont amoindris et chacun se sent pousser des ailes.

J'ai ouvert une chaîne TikTok de musique, car ma passion c'est le rap ou je partage mes chansons et j'ai pu constater que le manque de respect est la norme.

Si vous n'êtes pas assez fort mentalement pour supporter toutes les critiques, vous serez sujets à basculer dans la dépression facilement.

Les gens ne sont pas là pour vous aider, le seul qui peut vous aider vraiment c'est Dieu et vous-même.

Vous seul avez le pouvoir sur votre vie. La nature est cruelle, ce n'est pas un constat pessimiste, mais c'est la réalité.

J'ai pu remarquer également, que la richesse va de pair avec le fait d'être séduisant, en général quand vous êtes riches vous pouvez vous acheter de beaux vêtements, une éducation et nager dans la vie en étant le plus beau des poissons.

En effet, ce qui rend beau, c'est l'entretien de soi.

Plus on s'entretient, plus on se respecte soi-même et plus les autres nous respectent, cela s'est avéré du fait de mon expérience personnelle.

De nos jours pour réussir socialement, il faut plaire, c'est-à-dire, correspondre à une norme sociale, être dans les cases.

Il faut avoir un cercle d'amis, un CDI, des enfants, une maison et une voiture pour être vu comme quelqu'un qui correspond aux normes, sinon on est très vite encarté « marginal ».

Force est de constater que c'est le travail qui donne un respect des autres dans la société capitaliste.

On séduit plus facilement quand on paraît passionné par une activité quelque qu'elle soit et cela est bien normal.

Il est de la responsabilité de chacun de se battre pour ses désirs et ses rêves, car dans ce monde personne ne pourra réaliser votre souhait à votre place.

Vous devez absolument convaincre, et cela, quel que soit le domaine dans lequel vous évoluez.

J'ai souvent eu la sensation que les personnes qui s'adonnaient à une activité sportive ou artistique étaient plus intéressante que ceux qui passent leur temps à regarder la télévision.

Attention !

Je ne dis pas que la télévision est une mauvaise invention bien au contraire, elle nous informe sur le monde qui nous entoure, elle nous renseigne et nous divertit.

Ce que je veux dire par là c'est qu'elle ne doit pas prendre le contrôle sur notre vie, notre façon de penser et nos idées.

La France est un pays de liberté ou la liberté d'expression est un droit. Il est donc possible pour nous d'inventer, de créer et de dire, de penser ou de débattre sans aucun problème.

Cette liberté doit être préservée.

Pour avoir grandi dans une cité, je peux le dire haut et fort, j'aime le pays dans lequel je vis à savoir la France.

J'aime aussi mes racines à savoir mon pays d'origine, le Tchad.

Malgré ses problèmes, la France a accueilli mes parents, mes frères et sœurs, moi-même, elle me permet de me soigner en cas de besoin sans avoir à débourser, elle me permet de m'exprimer, de créer et a tout ce qu'il faut pour que je puisse évoluer dans de bonnes conditions.

Je ne ferais donc jamais partie de ses personnes qui crachent sur le drapeau français bien que je sache qu'il y a beaucoup de problèmes, mais pas plus que dans un autre pays.

La France a permis à des jeunes de banlieues de quitter leur misère sociale pour accéder à un autre niveau de vie. Si on le souhaite vraiment, ce pays nous offre des possibilités, encore faut-il le vouloir.

Quel que soit l'endroit où tu te trouves dans le monde si ta volonté de réussir demeure intacte, tu ne pourras que réussir avec l'aide de Dieu.

C'est ce que je me répète tout le temps et jusqu'à aujourd'hui – bien que je traverse parfois des moments difficiles – je suis conscient que j'ai une chance inouïe de faire partie de ce pays.

Il faut savoir mettre ses rancunes de côté et savoir apprécier ce que l'on a, à sa juste valeur tout simplement.

Chapitre IV
Placer Dieu au centre de ses projets

Souvent j'entends des personnes se plaindre du coût de la vie, du fait d'avoir des difficultés à se loger, à trouver du travail ou encore d'autres difficultés. Cela est bien normal, la vie est devenue difficile et tout reste est à améliorer.

Pour avoir côtoyé des croyants, j'ai pu remarquer un détachement par rapport aux problèmes de cette vie (dounia).

Placer Dieu au centre de sa vie est essentiel, car cela nous permet d'avoir une soupape de décompression.

Prier et adorer Dieu sont des démarches spirituelles extrêmement importantes dans la vie du croyant. Ces actions le placent dans une sérénité, une quiétude (Sakina) lui permettant carrément d'oublier ses problèmes du quotidien.

Résultat : apaisement et guérison.

Ce qui est reconnu par la science.

Je suis d'obédience musulmane par révélation.

J'avais une amie qui était musulmane et j'ignorai tout de Dieu à cette époque.

Jadis m'étant créée une réalité que je ne comprenais pas, une amie de la faculté cernant ma personnalité avait l'habitude de converser avec moi entre deux cours.

Un jour elle me posa la question : « Silas, as-tu déjà lu le Coran ? »

Humaniste, tout en étant doté d'un certain vécu, j'avais une image assez positive des musulmans à cette époque qui m'invitaient à manger chez eux pendant le ramadan.

Je lui répondis alors que non et c'est à ce moment qu'elle m'offrit ce livre qui allait changer ma vie pour toujours.

Quelques semaines plus tard, je commençais alors à lire les paroles de ce livre et je n'avais jamais retrouvé un tel discours dans aucun livre que j'avais lu auparavant.

Je me suis plongé dans les paroles de Dieu et je lisais sans m'arrêter seul dans ma chambre d'étudiant.

Ce moment de ma vie fut un soulagement et une révélation totale, je sentais au plus profond de moi que ma vie prenait du sens, que les belles valeurs de cette religion me correspondaient.

La gentillesse, la tolérance, le respect d'autrui sont les valeurs de la religion musulmane.

Quand j'entends que certains disent que c'est une religion de guerre, je pense qu'ils n'ont pas vraiment compris le message principal de ce livre.

Dieu veut manifestement le bien de ses créatures, il nous a envoyé ce livre pour nous prouver son existence et c'est d'ailleurs à travers cet ouvrage qu'il défie quiconque de reproduire l'Écriture.

Ce n'est d'ailleurs jamais arrivé, car c'est la parole de Dieu, et la parole de Dieu est consacrée, sacrée et réelle.

Il suffit de se plonger dans les versets pour comprendre rapidement qu'une intelligence supérieure à celle de l'humain a écrit ce livre qui est dans tous les domaines parfait.

Ma conversion a tout changé dans mon existence, je voyais alors la vie autrement et j'ai surtout appris qu'il y a des règles à suivre, une discipline. Voilà

La spiritualité permet d'ouvrir son esprit au monde, c'est une richesse, une clé vers l'amour de son prochain.

Aujourd'hui et à cause des attentats au nom de l'islam, l'islam est ainsi entaché.

Je trouve cela dommage, car en étudiant la vie de bon nombre de prophètes, j'ai constaté qu'il œuvrait avant tout et surtout pour la paix entre les humains et le bon caractère.

Pour moi, l'Islam est assurément une religion de paix, j'en suis certain, il appelle au respect entre les hommes en se saluant, à la bienfaisance envers ses proches voisins, à aider automatiquement celui qui est démuni.

Dans un monde où les conflits et crises éclatent un peu partout dans le monde, je pense qu'il est important de rappeler cela.

Je ne suis pas là pour faire du prosélytisme.

C'est d'ailleurs interdit par la loi française que je respecte comme tout bon citoyen.

Cela dit, et comme tout le monde, il m'est arrivé d'être malhonnête.

Concernant les vertus cardinales, en particulier de la force d'âme, depuis je ne sais plus mentir.

Je ne sais plus jouer, je suis honnête et partisan de la rectitude dans l'idéal.

Facteur à la Poste lors de ma jouvencelle vingtaine, une de mes responsables m'a d'ailleurs allégué une citation mémorable qui est la suivante : « Tu sais Silas, l'honnêteté sa paye tôt ou tard ! »

J'ai vécu ces dires comme une révélation, une confirmation, un soulagement. Surtout dans un milieu hostile et tendancieux que constitue le monde du travail.

Aussi, ce que je sais c'est que Dieu est infiniment bon envers son serviteur.

Si Dieu nous envoie des preuves, c'est toujours pour notre bien et notre évolution personnelle à venir.

En effet, je pense que rien n'arrive par hasard dans la vie.

Nous sommes le résultat de nos choix et celui qui place sa confiance en son seigneur sera récompensé.

J'en suis venu à la conclusion que Dieu existe, car il décrit bien le monde qui nous entoure dans les versets coraniques.

Certes, je me suis appuyé sur les dires des savants, mais j'ai aussi fait un travail personnel afin de méditer les paroles divines, réfléchir à ce qui est moralement décrit.

Quand je regarde les astres, le décorum terrestre, les océans et tout ce que contient ce monde je sais que c'est Dieu qui a fait cela.

Comment la création aurait-elle pu exister s'il n'y a pas eu un être qui a pensé à mettre tout cela en œuvre ?

Un bon musulman fait tout aussi partie des êtres justes et rationnels que quiconque, car il sait discerner par son savoir et sa science acquise par apprentissage le bien du mal.

De même, il se doit d'être cultivé.

Chapitre V
Parler de Dieu est une responsabilité

Dans l'Islam il y a un principe inhérent à tout savoir.

La religion n'est pas un jeu : il faut parler de ce que l'on connaît et maîtrise.

Elle doit être quelque peu apprise et comprise par celui qui la transmet.

Sa transmission remonte jusqu'à la chaîne du prophète Muhammad (sallalahou aleyhi wa salam).

Le musulman doit prendre conscience que la religion est sacrée et qu'il ne faut pas la souiller.

Il ne doit pas jurer pour rien, il ne doit pas dire d'insulte dans sa phrase si le nom de Dieu est prononcé.

De nos jours, tout le monde utilise la religion et s'improvise savant.

Certains non musulmans invoquent également la religion alors qu'ils ne la pratiquent pas.

Il faut reconnaître que certains disent des choses intéressantes, mais je pense que la religion doit rester sacrée et doit être transmise par des personnes qui pratiquent la piété.

De ce fait, la religion sera préservée et honorée.

Si le sacré disparaît, le monde court à sa perte et c'est pour cela que les musulmans doivent prendre conscience de leur responsabilité envers la communauté.

Ils doivent être les premiers garants de leur religion, l'enseigner et garantir de la diffuser correctement.

L'étude de la religion, appelée la science chez les croyants, est une protection certaine, car elle renforce la personne et la met dans de bonnes dispositions psychologiques.

Atteindre la piété est donc la chose la plus importante, car c'est cet état qui permettra au croyant de se faire aimer de Dieu.

La piété c'est le fait de respecter les obligations religieuses et éviter les interdits.

Il faut aussi savoir que mentir au sujet de Dieu est un grand péché que le Tout-Puissant ne pardonne pas : l'association (shirk).

Comment l'auriez-vous pris si on mentait à votre sujet ?

Il faut savoir que cela ne plaît pas à Dieu que l'on parle de lui dans des termes qui ne lui sont pas attribués et il faut reconnaître la gravité de cet acte.

Pour écrire ce livre, j'ai dû travailler énormément sur la question de Dieu, j'ai fait quatre ans d'étude islamique où j'ai principalement appris la croyance musulmane ce qui m'a permis d'avoir une base solide concernant cette religion.

Ces connaissances que j'ai acquises au prix d'un effort important me permettent aujourd'hui de vous communiquer des informations fiables concernant la religion.

Chapitre VI
Récital en honneur de la paix

À trente-cinq ans, je suis conscient que je devrais encore fournir quelques efforts pour réussir mes projets.

Depuis l'âge de 16 ans, je pratique la musique avec une passion dévorante.

Je sais que par la religion musulmane, c'est chose interdite et je demande chaque jour pardon à Dieu. J'espère qu'il me pardonnera et comprendra les raisons qu'ils m'ont poussé à en faire. On a tous des défauts.

Dieu est grand et puissant.

Je suis convaincu qu'il nous aime profondément et il nous a donné la religion pour que nous puissions communiquer avec lui (invocations) et nous rapprocher de lui.

Si je veux vivre la vie d'artiste, c'est parce que c'est mon rêve.

Lorsque je commençais à chanter dans mon lycée, cela me rendait très populaire.

Je fais du rap français.

La rue, je la connais.

Je l'ai vécu, je l'ai connu et j'en parle, car j'y suis resté pendant un bon nombre d'années de ma vie.

Je me sens donc légitime d'en parler à travers mes textes.

De même, je veux être reconnu pour toutes ses années où j'ai travaillé sans relâche pour arriver à mes fins.

Prison, psychiatrie, j'ai connu des séjours, mais je n'avais pas de billets d'avion.

Le rap m'a bercé dans ma jeunesse, il m'a accompagné et m'a transmis des messages qui m'ont permis d'évoluer.

Moi j'étais le petit gentil du quartier, le petit malin, celui qu'on aimait taquiner.

Le quartier c'est formidable, il y a des personnes de tous horizons, de tout pays et de toute culture et cela crée un brassage culturel incroyable.

La vie de quartier a aussi ses côtés durs, ses rivalités, ses leçons, mais c'est un voyage incroyable.

Malgré tout ce que j'y ai vécu, je peux dire que j'aime les quartiers de France, malgré leurs défauts et parfois leur violence. Il y a beaucoup de personnes respectables qui vivent en banlieue.

Des Messieurs Tout-le-Monde qui se lèvent pour aller travailler et nourrir leurs enfants.

J'ai toujours été une personne distante.

J'ai quelques amis proches et cela me suffit.

Traîner en bande n'a jamais été ma tasse de thé.

Le fait d'être de nature solitaire me permet de me concentrer sur la vie et surtout écrire.
Ah l'écriture !

C'est ma passion, cette activité me procure tellement de plaisir, je rêve d'écrire de plus en plus et de mieux en mieux.

Mon rêve : me retirer un jour au bout du monde avec mon ordinateur portable pour raviver la flamme de l'écrivain qui brûle au fond de moi.

Pour être heureux, je pense que la chose la plus importante est d'avoir la paix de l'esprit et une certaine force de l'âme, ce qui ne s'obtient que par une certaine sobriété.

Cette paix c'est Dieu qui la donne c'est pour cela qu'il ne faut pas hésiter à prier, car cela amène un apaisement du fait que la prière est un baume pour l'âme.

En effet, la prière efface les péchés et laisse un sentiment de bonheur.

Nous sommes nombreux sur Terre à chercher le bonheur et en particulier à travers la course aux richesses, certes les biens matériels font partie de la vie et sont nécessaires à son confort.

Mais ce qui est le plus important c'est de se sentir bien de bien se comporter avec les autres et d'être en paix avec soi-même.

Faire le bien est utile à tout bon fonctionnement dans une société, l'entraide, la générosité, le partage sont des valeurs nobles qui devraient être enseignées dans les écoles, dès le plus jeune âge.

On voit que beaucoup de personnes souffrent de solitude ou de pauvreté dans le monde dans lequel on vit.

Nous sommes plus de sept milliards d'êtres humains en 2022 et la misère ne devrait pas exister si tout le monde avait le sens du partage.

En Islam, le partage est un pilier fondamental, en effet la zakat (l'aumône) est une obligation pour le croyant qui doit donner 2,5 pour cent de son salaire aux nécessiteux par an et cela a pour but d'éradiquer la faim dans le monde.

Si tout le monde respectait ce principe, personne ne serait en manque de nourriture, d'eau, de vêtements et d'un toit dans le monde.

Il est difficile de se dire que l'on vit dans un monde ou l'injustice règne, mais que voulez-vous ?

Les riches s'engraissent toujours plus alors que les pauvres manquent de presque tout.

Le constat est évidemment amer.

Dans la vie, j'ai compris que si vous avez besoin de quelque chose, il faut aller la chercher soi-même.

Pour obtenir un diplôme, il faut travailler, pour acheter une voiture, il faut travailler.

Tout s'obtient par le travail.

Le travail c'est la santé.

Tout le monde devrait pouvoir avoir une activité professionnelle qui le rend fier, car le travail accompli c'est la fierté de soi avant tout.

Le travail vous permet d'augmenter votre confiance de façon considérable et c'est en se mettant au travail que l'on obtient des résultats.

La vie est faite de difficultés et d'obstacles à franchir et si vous n'êtes pas prêt et bien c'est la déchéance qui vous attend.

À l'âge de vingt ans, j'ai enregistré mon premier album quasiment seul et faisant des aller-retour en train pour aller au studio d'enregistrement.

Cette expérience m'a appris la rigueur nécessaire à la réalisation d'un projet.

Je devais prendre tous les risques, je n'avais pas d'argent, car je ne travaillais pas donc je fraudais le train et me prenais tout le temps des amendes.

Mais je savais que je devais finir cet album, alors je ne regardais pas les points négatifs.

Je fonçais ; la passion, c'est aussi cela

Et c'est comme cela que j'ai toujours pris la vie.

J'ai pu voir l'entraînement du champion d'athlétisme Usain Bolt.

C'est une machine de guerre et fait des efforts incroyables en intensité et ce n'est pas un hasard s'il a battu tous les records dans sa carrière.

Bien que l'on ne soit jamais vraiment accompli, franchir le Rubicon à des fins salutaires n'est jamais le fruit du hasard.

C'est une science qui allie efforts et travail régulier et cela crée une alchimie et des résultats.

Au départ, toute idée qui naît est moquée ou ignorée.

Les gens ne voient que le résultat final.

Tout ce qui est impertinent au départ le devient grâce à une série d'efforts sur la durée.

C'est cette alchimie singulière qui donne la récompense.

La foi en Dieu augmente à force de prières répétées, dans tous les domaines où la persévérance est nécessaire.

Plus le croyant va prier et plus Dieu va lui ouvrir le monde qui l'entoure, l'expérience de la vie lui sera alors plus intense que la personne qui ne prie jamais.

C'est pour cette raison que la prière est l'un des piliers les plus importants de l'Islam, car elle protège le serviteur de tout mal.

Souvent, j'entends des personnes dire pourquoi la souffrance chez les musulmans est répandue dans le monde s'ils sont protégés par Dieu.

La réponse est simple et elle est issue du Coran honorée.

Dieu éprouve celui qui l'aime !
Non pas pour le faire souffrir, mais pour lui augmenter sa sagesse et son degré de connaissance, car sans leçon pas d'apprentissage dans la vie et cela est valable pour tout le monde.

Il faut donc que le croyant s'arme de patience, car les épreuves sont un passage obligé pour celui qui souhaite se rapprocher de Dieu, c'est l'essence même de la religion. Pas de progression sans un peu d'efforts ou un peu de souffrance. Mais, si on patiente pendant l'épreuve, on sera récompensé par Dieu.

C'est magnifique.

Dieu n'a pas pour but de nous faire souffrir, mais quand il nous donne de la souffrance c'est pour que l'on comprenne qu'il y a une alerte, quelque chose qu'on doit modifier dans notre vie pour aller mieux. En effet, cela peut prendre du temps avant que l'on comprenne.

Chapitre VII
Rudiments en Islam

Hallal signifie « ce qui est autorisé de pratiquer » dans la religion.

La religion a pour objectif de nous former pour que nous devenions de bons citoyens responsables de soi-même et des autres.

Elle a pour objectif de faire de nous des hommes et des femmes marchant vers Dieu avec pureté et valeurs.

L'Islam nous enseigne la propreté dans son hygiène ainsi que dans ses actes.

Dieu a séparé les actes en deux catégories, le hallal d'un côté et le haram de l'autre.

L'objectif du musulman est de pratiquer un maximum d'actions hallal pour se rapprocher de Dieu.

Faire de bonnes actions au quotidien, voilà le but de toute religion : l'islamophobe doit absolument le comprendre.

Les bonnes actions ou hassanets joueront en faveur du croyant au jour du jugement dernier.

La pratique de la religion est donc essentielle, car elle permet d'obtenir de nombreux bienfaits.

L'Islam assure le bien-être physique et psychologique de la personne qui a la foi d'être protégée par Dieu.

Pour pratiquer la religion depuis l'âge de 22 ans, je pense que je peux témoigner de ma pratique de l'islam.

L'islam véritable est peu enseigné de nos jours et il faut l'apprendre pour en saisir l'importance.

Le prophète (saws) a dit : « Celui à qui Allah veut le bien, il lui facilite l'apprentissage de la science de la religion. »

C'est par là que l'on comprend que plus la personne fait un effort d'apprentissage, plus sa pratique se perfectionnera.

La pratique de la religion à savoir la prière, l'apprentissage des sourates, ainsi que celle des invocations est importante et participe à la vie spirituelle du croyant.

L'effort est donc important et permet d'évoluer et de changer tout simplement.

Ma foi pour Dieu a augmenté à travers les heures passées à lire à me renseigner à me cultiver, j'ai voulu voyager dans la science, découvrir les secrets de la vie et à travers le Coran. On apprend la nature humaine, la vie et on sait que c'est la parole de Dieu, car aucun être humain ne peut avoir l'intelligence d'écrire un livre pareil.

Pour avancer dans sa religion, il faut éviter les grands et petits péchés.

Les péchés les plus communs sont : le mensonge, le sexe hors mariage, mais surtout l'association ; le fait de dire que Dieu est un être humain ou à quelconque ressemblance avec une créature existante.

Évoquons aussi la médisance, le fait d'accuser une femme chaste d'adultère ou autre.

Dieu pardonne cependant tous les péchés, car il est miséricordieux sauf un seul : l'association.

La religion c'est une ligne de conduite, une béquille qui aide à supporter la vie de la meilleure des façons c'est-à-dire avec Dieu tout puissant.

À force de prier, on voit la vie différemment, on commence à ressentir une paix intérieure et on souhaite que cette paix augmente de jour en jour donc on continue à prier pour bénéficier de cette douceur.

La croyance en Dieu te pousse à fournir des efforts pour te rapprocher de Dieu et tu sais que tu pourras évoluer dans la vie de cette façon.

Si le croyant s'évertue à ne pas commettre le haram, il s'assure la protection de Dieu dans toutes ses affaires.

L'Islam c'est simple, pour réussir il suffit de respecter ce que Dieu nous demande. Il est réel que c'est plus facile à dire qu'à faire, car on vit dans un monde de tentation.

Le péché est donc quasiment inévitable. Mais, l'important c'est de demander pardon à Dieu, d'effectuer le repentir, de sorte à ne plus recommencer le péché et être pardonné de Dieu.

Toute la religion musulmane est basée sur l'effort sur soi, la réforme intérieure (Jihad el nafs).

Le croyant anoblit son caractère et son comportement en commettant des actions hallal et en se conformant au comportement du prophète Muhammad (saws) le meilleur des hommes.

C'est comme cela que le croyant évolue dans le respect de soi et des autres acceptant la différence et les autres religions. Pratiquer le hallal dans sa vie amène la baraka de Dieu c'est-à-dire la chance dans tous les domaines que ce soit sentimental, financier ou autres.

Celui que Dieu bénit même si le monde entier se ligue contre lui, il ne peut rien lui arriver.

Celui qui recherche la puissance dans ce monde, il doit la rechercher auprès de Dieu, car c'est Dieu qui détient la puissance et qui agit sur la création.

Il n'est donc pas nécessaire de pactiser avec le diable pour obtenir ce que l'on veut dans la vie.

Combien de personnes se sentent vides malgré leurs richesses financières, tous les riches vous diront que l'argent est une bonne chose, mais ce n'est pas forcément ce qui fait le bonheur. Ce qui fait le bonheur, c'est d'avoir la conscience tranquille, la paix intérieure, la sagesse dans ses actions.

En résumé, même les impies ne nieront pas que la religion est le cheminement du bonheur à travers la sagesse, autrement dit une érudition, une rigueur du fait de l'hygiène (de vie) et une morale hors pair.

Je ne suis pas philosophe, je ne fais aucunement partie de quelconque société secrète.

Je sais cependant que si on n'adore pas le Tout-Puissant, on adorera une divinité qui lui sera inférieure.

Donc je préfère Allah.

Chapitre VIII
État de fait consternant

J'ai grandi dans une cité HLM à Dreux qui se trouve à une heure de Paris en transport.

Quand vous grandissez dans de telles conditions, vous êtes toujours sur la corde sensible, vous manquez pour pouvoir construire convenablement votre vie.

Je suis issu de la seconde génération de Français d'origine étrangère né en France.

La France je la considère comme mon pays, car c'est le pays dans lequel je vis et la langue que je parle au quotidien.

Je suis noir et je me sens français, car pour moi être français ce n'est pas une couleur de peau ni un nationalisme, mais davantage un patriotisme.

Être français, c'est pour ma part participer au projet commun du pays, avoir un sentiment d'appartenance au pays, en réalité.

Parfois, j'entends des personnes dire qu'il faut que je rentre dans mon pays. Mais ce qu'ils oublient c'est que j'ai autant le droit d'être français que celui qui est blanc de peau.

Je parle le français comme lui, je suis allé dans les mêmes écoles que lui, j'ai la nationalité comme lui.

Mes ancêtres ont combattu pour la France.

Je suis issu du Tchad qui est un pays ami de la France et une ancienne colonie française.

Je ne pourrais jamais critiquer la France bien que je sache qu'elle a ses faiblesses comme tous les pays.

Ici nous sommes tout de même bien lotis.

La famine est quasi inexistante, nous avons de la nourriture et de l'eau en abondance, nous avons la possibilité de nous soigner et même la chance d'étudier et tout cela offre un minimum de qualité de vie.

Quand je vois notre équipe de France black blanc beur, je me dis que la France est un pays magnifique envié dans le monde entier pour sa tolérance.

Certes il y a du racisme comme partout, mais en général on y vit en paix.

Je pense qu'il faut cultiver ce lien social entre les gens, quelle que soit notre origine sociale ou notre culture, car le fait qu'il y ait différente culture c'est cela qui fait notre richesse.

Dans la vie, on ne choisit pas sa condition de départ, certains naissent dans la richesse et ne seront pas inquiétés toute leur vie par le manque pendant que d'autres naissent dans la pauvreté et devront se battre toute leur vie pour essayer d'avoir une vie meilleure.

Cela peut paraître injuste et on peut se poser la question pourquoi une telle injustice.

Toutes les vies ne se valent pas malheureusement, ce serait une utopie si tout le monde vivait dans l'opulence malheureusement la réalité n'est pas comme cela.

Dieu fait ce qu'il veut, et il a créé la zakat pour que les riches puissent reverser une partie de leur salaire aux gens dans le besoin.

Si tout le monde suivait la loi divine, la pauvreté aurait été éradiquée depuis longtemps.

Lutter contre la pauvreté est donc un devoir communautaire et tout le monde doit participer à cette lutte pour sauver le monde.

Personne ne devrait souffrir de malnutrition à notre époque, cela relève du scandale, car le monde possède tous les moyens modernes pour produire de la nourriture en masse.

Malheureusement, pendant que certains pays pratiquent le gaspillage, d'autres manquent cruellement d'eau et de nourriture.

Dieu jugera chacun selon ce qu'il a fait de son argent. En effet, Dieu nous dit que toute subsistance, toute richesse provient de lui, car il est le créateur de toute chose.

La personne qui possède beaucoup de richesse doit donc comprendre que cet argent lui appartient, car elle l'a gagné, mais qu'elle doit penser à ceux dans le besoin.

Voilà pourquoi les impôts existent, pour le bien-être général.

Si le bien-être des citoyens n'est pas respecté, alors les conditions de la paix sont menacées.

Le système de redistribution des richesses doit être la norme dans tous les pays du monde, car c'est le meilleur système pour préserver la paix sociale.

Un peuple nourri correctement est un peuple en bonne santé et un peuple en bonne santé peut faire évoluer le pays.

Cela la France l'a bien compris et c'est pour cela qu'elle est le pays qui possède un des systèmes de protection sociale les plus efficaces au monde.

En France celui qui ne travaille pas est protégé grâce aux assurances chômage et s'il n'a pas cotisé, il bénéficie du revenu de solidarité active (le RSA).

Cette sécurité est recherchée et c'est pour cela que l'immigration augmente dans le pays, car ils savent qu'ils ont la capacité de s'en sortir convenablement en France.

La vie est un combat.

Il ne faut pas se laisser abattre dans toutes les situations et relever la tête pour avancer.

Le travail est le seul moyen de s'en sortir, c'est une sunna du prophète Mohammed.

En effet ce que l'on oublie de dire souvent c'est que le travail permet de tout obtenir dans la vie ; c'est une adoration.

Pour tous les projets viables, l'argent est nécessaire.

Comme on dit, l'argent amène le prestige, la reconnaissance et le respect.

Le croyant a pour projets de se marier et de fonder une famille, mais pour commencer sa famille, il doit trouver une femme et avoir les moyens d'entretenir sa famille en payant le loyer, les charges, les courses et les loisirs.

C'est le minimum requis.

Bien travailler à l'école est donc la clé pour obtenir ce que l'on veut dans la vie, car Dieu nous demande d'agir dans les lois du licite, c'est-à-dire de l'argent propre.

Souvent, j'entends des personnes en situation de célibat se plaindre de ne pas trouver l'âme sœur.

Ils vivent dans le manque d'affection nécessaire à tout être humain, car ils n'ont pas de travail. La première chose que j'aurais donc à dire à une personne qui souhaite réussir sa vie c'est de trouver un métier.

Du métier, découle tout le reste, et cela on le dit peu dans les mosquées comme si l'argent était un sujet tabou.
L'argent est la clé dans les relations humaines.
Arrêtons l'hypocrisie.

Quand vous n'avez pas les moyens, on ne vous donne pas les responsabilités et le respect même si vous êtes une bonne personne.

Cette vérité est trop peu mise en avant, mais il est nécessaire de rétablir la vérité pour que chacun prenne enfin ses responsabilités et essaie de devenir autonome.

Ce sujet est très important : un homme s'il souhaite être accompli doit chercher à gagner sa vie et le reste en découlera naturellement.

Jeune homme, jeune femme ne te décourage jamais et cherche à progresser dans tes études, car ce sont ses années d'études qui t'offriront une stabilité dans ton futur.

Ne néglige jamais cela.

Cette vérité, tout le monde la sait, mais peu oseront vous l'avouer, car l'humain ne souhaite pas voir la réussite de son prochain.

Mis à part vos proches, personne ne vous aidera et cette réalité est cruelle.

C'est aujourd'hui l'individualisme qui domine.

Ces marches ou grèves, c'est la loi de la jungle, seuls les meilleurs survivent.

C'est la compétition, c'est la concurrence de partout et seuls ceux qui ont un mental solide peuvent réussir.

En tant que musulman j'ai le devoir de dire la vérité et c'est pour cela que j'ai écrit ce livre.

Le monde dans lequel je vis s'offre aux plus riches, les femmes ne marient que peu les pauvres.

Il faut avoir un minimum si vous souhaitez qu'une femme vous accepte.

La pauvreté n'attire personne c'est naturel donc il faut faire le nécessaire pour se mettre dans une bonne situation.

Toi qui n'es pas né dans une famille riche, travaille pour atteindre tes rêves et tu y arriveras avec l'aide de Dieu.

Dieu ne t'abandonnera jamais si tu crois en lui et que tu lui fais confiance.

Chapitre XIX
Partie I
Pourquoi j'ai donné ma vie à Dieu ?

Rares sont les personnes qui ne finissent pas par vous décevoir un jour.

En effet, l'humain a été créé faible et il a tendance à trahir.

Il y a une chose que j'ai pu comprendre au fil du temps c'est qu'il ne faut compter que sur Dieu et soi-même.

Quand vous êtes bien financièrement, vous avez toujours un tas de sollicitations de la part d'amis, mais s'ils savent que vous êtes dans le besoin ils disparaissent en général.

Ceux qui sont avec vous dans la misère sont ceux à qui vous pourrez faire confiance, car ils vous côtoient pour qui vous êtes et non par intérêt.

Si vous avez la chance de connaître ce genre de personne, prenez soin d'elle et dites-vous que cette personne est bénie dans un monde ou seul l'intérêt prime.

Dire des réalités n'est pas plaisant à entendre.
J'aurais pu choisir la voie facile en écrivant un roman à l'eau de rose, mais cela n'aurait eu aucun impact dans votre vie.

L'objectif de ce livre est donc de vous mener vers la voie de la paix et de la réussite dans ce monde.

Dieu m'a sorti de situations incroyablement inconfortables plus d'une fois dans ma vie.

C'est pour cela qu'aujourd'hui je lui ai donné ma vie, mon cœur et mon âme.

Il est tout pour moi et je l'aime.

Certains diront que je suis fou, car j'aime Dieu et qu'on ne l'a jamais vu.

Mais pensez-vous qu'il n'existe pas de monde invisible ?

Le vent est invisible et pourtant il existe bien, même chose pour les atomes.

Alors, pourquoi dire que Dieu n'existe pas en sachant que le monde est une création parfaite ?

Je me suis posé la question de savoir qui a créé nos organes internes, qui a pensé que l'on devait respirer, manger et dormir pour pouvoir vivre correctement, qui a créé la tristesse, la joie et autres sentiments.

Qui a pensé à créer toute sorte d'animaux et de plantes, de rivières, de montagnes.
Qui a créé l'humain lui-même.

Pour moi, il n'y a aucun doute que l'expérience de la vie dans laquelle nous sommes tous plongés a eu besoin d'une intelligence supérieure, un architecte aux manettes qui a tout façonné.

Je ne peux que m'extasier d'être en vie et le remercier pour ce don, car la vie c'est un don de Dieu.

Il aurait pu ne pas me donner vie, mais il l'a fait et pour cette raison je me dois de lui rendre grâce.

Il est infiniment grand, puissant et impressionnant.

Je le respecte énormément et ferais tout pour éviter de lui désobéir.

J'ai compris à la lecture du Coran que Dieu nous envoie des signes au quotidien.

Dieu veut que nous nous rapprochions de lui que nous nous soumettions à sa toute-puissance.

Dans l'alternance du jour et de la nuit, il y a des signes pour les gens doués d'intelligence.

Vivre dans le chemin de la foi c'est respecter Dieu et sa parole, c'est faire l'effort de lui plaire en faisant les obligations religieuses que sont la prière (cinq prières par jour), la zakat, le jeune de mois de Ramadan et le pèlerinage à la Mecque.

La vie du croyant est basée autour de ces piliers et la pratique de ceux-ci lui permet d'augmenter sa foi.
Pratiquer sa foi est alors tel un exercice, cela s'entretient.

Plus le croyant va pratiquer sa religion et plus un Nouveau Monde plein de douceur, de bonté et de joie s'ouvrira à lui.

La foi offre des moments d'une douceur incroyable, car lorsque l'on a l'amour de Dieu dans son cœur, on se sent apaisé et heureux, plein de reconnaissance envers son Dieu et heureux d'être en vie tout simplement.

En réalité, la vie la plus simple est la plus heureuse, car plus on a de besoins matériels, plus on se sent angoissé à l'idée de tout perdre.

Cet amour que le croyant porte à Dieu augmente alors de jour en jour en fonction de ces efforts et s'il relâche des efforts la foi diminue.

Le prophète nous recommande d'ailleurs de ne pas abandonner la prière, car c'est le lien entre le croyant et Dieu, la relation ultime.

Si tu tournes ton cœur vers Allah, Allah te donnera le monde.

Je n'aurais jamais pensé un jour devenir un écrivain en herbe.

C'est ma vie qui m'y a poussé.

Je suis passé par la prison – malheureusement pour des petits vols – j'avais besoin d'argent tout simplement, j'avais succinctement choisi l'illégalité et j'ai perdu.

Résultat, une peine de huit mois de prison qui aura changé ma vie à jamais, car aujourd'hui je sais que chaque acte a ses conséquences.

Maintenant, j'aspire de devenir un homme de qualité intelligent et droit dans ses bottes.

Ce malheureux épisode de ma vie fait partie de moi, mais aujourd'hui il me sert à être une personne honnête et tolérante.

J'aspire un jour à suivre les pas du prophète (saws) et devenir un bon musulman qui ne commet pas de péchés.

Est-ce possible d'aspirer à devenir un saint ?

J'ai cette idée en tête, je ne sais pas pourquoi, mais j'ai envie de me rapprocher de Dieu un maximum pour savoir ce que ça fait de ressentir son amour.

Se rapprocher de Dieu fera de moi un homme qui se sent bien dans sa peau, car quand on suit les ordres d'Allah on attire la baraka dans sa vie.

Il faut faire confiance à Dieu dans ses affaires et c'est cela qui amène la personne à avoir la foi.

Donner sa vie à Dieu est un choix qui vient du cœur.

Pour Dieu, j'ai sacrifié mon temps, mais je sais que ce temps sacrifié me rapportera plus.

Il faut faire l'effort d'aller chercher la science auprès des savants ou dans les livres.

C'est la science qui permet de sortir de l'ignorance et de connaître le monde. Plus on a de connaissances, plus on est protégé du monde, car on sait ou ne pas mettre les pieds.

La connaissance vient avec le temps, car pour obtenir de la connaissance il faut apprendre et vivre des expériences.

Quand on a des déboires, on a tendance à aller voir des spécialistes pour régler le problème en question : médecins en cas de problème de santé, banquiers pour qu'il nous fasse un découvert, etc.

Mais Dieu nous demande de nous en remettre à lui en premier lorsque l'on a des problèmes, car il est celui qui libère et qui sauve.

Dieu doit être vénéré et respecté à sa juste valeur, quelle que soit la situation que nous vivons.

Allah est le détenteur de ce monde et de toutes les richesses qu'il contient c'est donc lui qui nous permettra de nous enrichir.

Il faut donc s'en remettre à lui en cas de besoin et lui demander de nous aider à nous sentir à l'aise dans notre vie.

Dieu est le pourvoyeur de ceux qui ont la foi et il fait passer des ténèbres à la lumière, c'est donc à lui qu'il faut s'en remettre dans toutes situations.

On ne peut pas gagner en désobéissant à Allah.

La liberté et le bonheur sont dans le chemin d'Allah.

Faire confiance en Dieu est donc la chose la plus essentielle en religion et en effet, il faut toujours croire, quelle que soit la situation.

La religion doit alors être prise au sérieux, car c'est en se rapprochant de Dieu que l'on obtient ce que l'on souhaite.

Je serais toujours un fervent défenseur de Dieu, car j'ai pu ressentir ses nombreuses protections et ses nombreux bienfaits dans ma vie.

Je sais qu'il me protège, quelle que soit la situation, car je prie.

Et la prière et salvatrice.

Donner sa vie à Dieu s'est donc fait naturellement dans ma vie et je ne regrette pas ce choix.

Malgré l'épreuve, je continue à croire en lui et je sais que les personnes les plus éprouvées sont celles qui sont proches d'Allah.

Si Allah t'envoie un malheur, c'est pour expier tes péchés et te faire réfléchir et grandir dans ta foi.

La science d'Allah est parfaite et exacte.

Ce livre n'a pas pour prétention d'apprendre quelque chose aux hommes, car je ne suis pas un savant.

C'est simplement le discours d'un croyant qui a besoin d'écrire, qui a besoin d'exposer ses idées et sa vision des choses.

Il faut avoir espoir en la miséricorde d'Allah.

Les endurants auront énormément de récompenses sans compter.

Chapitre XIX
Partie II
Croire en la prédestination

Il est un devoir pour le musulman de croire en la prédestination d'Allah, car chaque jour de nos vies a été conçu par lui à l'avance.

Nous avons le libre arbitre, mais Dieu sait à l'avance ce que nous ferons, quels seront nos choix et nos décisions.

Il faut être heureux de ce que Dieu nous donne. Car, quelle que soit la situation que tu traverses, richesse ou pauvreté, Dieu te donne ce dont tu as besoin pour t'épanouir lorsque tu es de son côté.

Le destin qu'il soit bon ou mauvais est un des piliers de la foi et il doit être une notion fondamentale.

Tout est écrit à l'avance.

Le jour de ta naissance, le jour de ton décès, le jour où tu rencontreras ta femme ou ton mari, si tu auras des enfants ou non…

Dieu sait tout, il connaît le passé et le futur et sait ce qu'il adviendra, quelle que soit ta situation.

Dans la vie il faut vivre ses rêves tout en étant proche de Dieu et cette connexion avec Dieu sera ta bouée de sauvetage.

Ce n'est pas parce que tu es né dans la pauvreté que tu le resteras à vie, car il suffit que Dieu décide que ta situation change.

Bien que tu vives avec la douleur, il faut savoir qu'elle peut disparaître et qu'avec Dieu tout est possible.

Ne sois pas triste, ne sois pas dépressif et sache que Dieu nous protège et est au contrôle.

Le fait de se dire que Dieu est là pour tout nous décharge de la responsabilité de vouloir tout contrôler.

Dieu est infiniment bon, nous devons avoir une idée positive le concernant, car penser du bien de notre créateur se rapproche plus de la réalité.

Il souhaite que nous réussissions, mais il nous laisse le choix de réussir ou non et la réussite c'est l'adorer et demander pardon pour ses péchés, car l'homme a une nature pécheresse.

Je parle de religion, mais pas seulement. Je parle aussi de ce que je ressens du monde dans lequel je vis et je constate que beaucoup ne donnent pas à Dieu la place qui le reviens de droit.

Ils savent que Dieu existe, mais ils l'ignorent, car ils pensent qu'ils peuvent se suffire à eux même.

La réalité est que l'on sera jugé en fonction de nos actes qu'ils soient bon ou mauvais selon la loi de Dieu.
Ce jugement sera juste et irrévocable et jugé à la perfection sans oubli ni erreur.

La vie est un voyage merveilleux, mais si on a la chance de vivre cette expérience, il faut savoir que c'est surtout un test qui s'arrêtera le jour de notre décès.

La destinée est donc un chemin merveilleux ou l'humain fait des choix et des actions. Dieu nous demande de faire de bonnes actions et aider son prochain, c'est pour cela qu'il a créé la vie pour savoir qui d'entre nous est le meilleur en acte et qui mérite de le rejoindre au Paradis.

La destinée peut être de deux sortes, soit elle tend vers le bien ou soit elle tend vers le mal et cela dépend de nous même.

Personnellement, je rêve d'avoir une destinée dans le bien, un destin basé sur la bonté et l'amour de son prochain, car j'ai toujours eu un côté empathique.

Ayant grandi dans un quartier HLM, on n'avait pas grand-chose, mais on partageait et ces valeurs m'ont marqué.

Le partage amène de la bonté et c'est pour cela que je fais partie de ceux qui aiment et respectent le système de redistribution française, car il ne laisse personne mourir de pauvreté.

Tout le monde mérite d'avoir un toit et d'avoir à manger sur sa table, car nous sommes arrivés à une époque où nous avons assez de ressources pour tout le monde.

La France a une belle destinée, j'en suis convaincu, malgré son passé colonial violent, elle a su accueillir des générations d'étrangers sur son sol et leur a donné respect et considération.

C'est un pays d'accueil et le racisme y est moins présent que dans d'autres pays je trouve.

Ayant voyagé en Irlande et étant noir, j'ai pu ressentir le racisme de façon beaucoup plus forte qu'en France.

J'ai même subi une agression raciste.

Je ne veux pas dire que je n'ai pas aimé cette expérience en Irlande, car elle m'a beaucoup fait évoluer, je travaillais chez Hertz, une entreprise de location de voiture américaine implantée partout dans le monde et jetait dans la banlieue de Dublin.

Mais cette agression restera gravée dans ma tête à jamais.

Je suis noir, eux sont blancs et juste pour une histoire de couleur ils sont venus me frapper avec des barres de fer en plein visage alors que je ne les connaissais pas. Le racisme devrait être puni plus sévèrement par la loi avec des peines de prison lourdes et cela afin que les gens comprennent que personne ne doit discriminer l'autre en raison de ses origines. Quel que soit le bien qu'il m'arrive, il faut savoir que cela est la volonté de Dieu et, quel que soit le mal qui m'arrive, il faut savoir que c'est la volonté de Dieu. Tout est volonté divine. On peut se lever un matin sans savoir que la mort nous attend dans la journée. Combien de jeunes sont morts dans des accidents de voiture ou autres circonstances tragiques ?

Un point commun subsiste : la mort ne dépend pas de l'âge de la personne.

Donc le croyant doit s'efforcer d'être un des meilleurs dans cette vie, de demeurer prêt en faisant ses prières, car il ne connaît pas le jour de sa fin.

Le paradis se mérite au prix d'effort pour se rapprocher d'Allah.

Le croyant trouve sa force, sachant que sa destinée est déjà écrite et cela le rassure, car il sait que s'il continue à prier il a une chance de réussite, car ses péchés peuvent lui être effacés.

Il faut donc s'efforcer de faire de bonnes actions, et ce afin d'avoir le plus de chance de plaire à Dieu, car pour les musulmans, le but ultime de la vie c'est de plaire à Dieu en lui étant soumis.

Les relations dans la vie

Pour réussir, le croyant doit avoir un bon relationnel c'est-à-dire qu'il doit être entouré de bonnes personnes qui vont le pousser vers le haut.

La vie n'est pas facile et mieux vaut être muni d'une échelle solide pour la grimper.

Je constate que le sujet de la réussite est peu abordé dans la société actuelle.

On nous montre des modèles de réussite tous les jours à la télévision ou dans les médias, mais on ne nous donne jamais le secret de la richesse.

Les États-Unis ont une autre mentalité par rapport à cela. En effet, l'American Dream (le rêve américain) offre des possibilités à tous ceux qui sont déterminés à réussir.

Le système français est bien sûr un des mieux développés au monde, mais les États-Unis sont la première puissance mondiale, car ils savent faire rêver leurs habitants en leur faisant passer l'idée que tout est possible à celui qui croit.

Qui aurait pu imaginer un jour qu'un président noir serait aux commandes de la première puissance mondiale ?

C'est cette idée que tout est possible qui fait que les États unis sont un pays riche.

Je parle ici du point positif, le négatif existe aussi et vous le connaissez déjà tous (les armes à feu en libre circulation et la violence).

La vie est une succession de rencontres, soit une rencontre va nous apporter, soit elle va nous desservir donc il faut bien choisir ses fréquentations.

El hamdoulilah depuis ma jeunesse j'ai croisé beaucoup de bonnes personnes, des auto-entrepreneurs qualifiés, des salariés, des artistes, des hommes de religion, le monde est une source de talents.

Pour bien s'intégrer, il fait avant tout être intègre.

L'expérience où j'ai pu développer ma sociabilité fut lorsque j'ai travaillé chez Hertz, agence de locations de voitures en Irlande proche de Dublin.

Je travaillais sur un call center international et il y avait plus de 400 salariés dans l'entreprise.

Il y avait des Anglais, des Espagnols, des Italiens, mais aussi des Allemands.

Il fallait donc faire preuve de bienséance et faire preuve aussi de diplomatie, car dans les relations d'affaires, la politesse est un élément important.

Tu ne peux pas parler de réussite si tu oublies le facteur respect de soi et des autres.

Le prophète Muhammad dont je m'inspire était un homme très bien élevé avec beaucoup de valeurs qui donnait beaucoup de gentillesse à ceux qui croisaient son chemin.

Il aidait les pauvres, les conseillait, leur donnait de son temps.

C'était le plus magnanime des hommes.

Comment ne pas aimer un homme au cœur aussi grand ?

La bonne éducation est essentielle, car c'est comme une carte de visite, une chose sur laquelle les personnes se basent pour vous juger ; tout commence par le « Bonjour » (salam, shalom ou hello aussi).

Le fait de dire bonjour le matin à vos collègues vous assure une bonne atmosphère et il vaut mieux cela que d'ignorer les gens et passer une journée fade.

Il faut croire en l'être humain et je pense que la base de tout c'est le respect, car quand vous donnez du respect vous en recevez.

Tout ce que l'on donne on le reçoit, donnez et vous recevrez.

Si vous donnez de l'amour vous recevrez de l'amour, si vous donnez de la joie vous recevrez de la joie si vous donnez de la méchanceté vous recevrez de la méchanceté et si vous donnez de la gentillesse vous recevrez de la gentillesse.

Cela peut paraître naïf, mais c'est la réalité.

Notre vie est le miroir de ce que nous sommes.

Dans tous les cas, il faut s'appliquer à faire les choses du mieux possible, et il vaut mieux s'entourer d'amis que d'ennemis.

Pour pouvoir évoluer, la politesse est une des choses les plus importantes.

Quand une personne vous respecte et vous traite bien automatiquement, vous vous comportez bien avec lui en retour.

Ce respect mutuel ouvre la voie vers la collaboration, l'échange, le business.

Les relations familiales sont aussi très importantes.

Avoir une famille aimante permet de se sentir bien, d'être bien dans sa peau et surtout de pouvoir compter sur quelqu'un en cas de besoin.

Dans les pays africains, la famille est très importante et les rencontres familiales sont communes ou on peut boire, manger et rire entre cousins, oncles, tantes…

La famille doit être le lieu de la paix ou les échanges simples et vrais sont possibles.

Les liens du sang ne doivent d'ailleurs pas être rompus selon la loi de Dieu.

Si la famille est soudée, l'individu sera plus à même de se sentir fort dans la vie c'est pour cela que le croyant doit tout faire pour avoir de bonnes relations avec les membres de sa famille de base c'est-à-dire ses parents, frères et sœurs.

La première qualité d'un homme selon moi doit donc d'être respectueux et gentil envers son prochain.

Aujourd'hui, ces valeurs ne sont pas intéressantes pour les gens, mais c'est la base, sans respect, pas d'évolution possible.

Je suis un militant du respect et je le serais toujours.

C'est la première chose que la religion nous apprend, le bon comportement c'est la base.

Ne pas rejeter les autres, être patient avec les autres, se rendre disponible pour sa famille et pour ses frères.

Le relationnel dans la vie c'est ce qui ouvre la voie au succès et à la réussite il faut donc qu'il soit bon et que les relations qui vous entourent soient enrichissantes.

La solitude est certes nécessaire, mais elle ne doit pas être une habitude, on est tous obligé de socialiser un minimum pour pouvoir communiquer et s'entendre et vivre dans la joie et la paix les uns envers les autres.

Combien de fois j'entends des jeunes s'injurier dans la rue, injurier les mères ou encore jurer sur le Coran ?

Ces manques de respect, je les trouve graves et même si le monde entier trouve cela normal pour moi ça ne l'est pas.

Aujourd'hui, on rit de tout et n'importe quoi, on se laisse aller à se manquer de respect à se battre pour des futilités les uns contre les autres, se tuer pour des histoires d'argent, à polluer la planète…

L'humain est doué pour la destruction, mais la religion est là aussi pour reformer l'humain, lui apporter la force et les valeurs nécessaires à sa construction.

Le prophète Muhammad avait les plus nobles qualités, lorsque l'on venait lui poser une question, il ne prenait pas les gens de hauts, il était toujours humble et respectueux et c'est pour cela que son message a été diffusé à travers les siècles, car sa parole est véridique.

Chapitre X
La religion, ce voyage merveilleux

Lorsque je me suis converti à l'islam, j'ai senti que quelque chose avait changé.

Dès les premiers temps où je commençais mes prières, je me sentais davantage en paix avec moi-même.

La prière me canalisait moi qui fut un grand fêtard accroc aux boîtes de nuit et aux relations hors mariage.

L'islam m'a appris qu'il ne fallait pas s'autoriser les relations hors mariage pour la simple et bonne raison qu'elles n'apportent aucune baraka.

Le mariage est ce qui unit l'homme à la femme et ce mariage doit être effectué devant des témoins ainsi qu'un tuteur pour la femme (mahram).

Le mariage c'est la moitié de la religion et celui qui en a les capacités doit se marier pour éviter de tomber dans la zina (la fornication) qui est un péché majeur.

Le mariage est censé apporter paix et sécurité à l'homme comme à la femme, leur organiser un avenir lumineux en construisant leur propre famille.

Mais aujourd'hui avec la difficulté de la vie je constate qu'il est de plus en difficile de se lancer dans un projet de mariage.

Il faut avoir un travail pour être capable d'assumer sa famille et comme la conjecture est difficile au niveau de l'emploi, le mariage est devenu chose délicate.

Le problème du racisme vient se lier à cela, car certaines communautés n'acceptent pas le métissage, ce qui ralentit également les unions.

Face à cette crise, la communauté musulmane doit s'organiser pour faciliter les mariages.

Peut-être que la solution viendra, mais c'est inquiétant, car beaucoup ont dépassé la trentaine et ne sont toujours pas mariés ce qui leur fait perdre de l'estime pour eux-mêmes.

Il faut absolument que les parents acceptent le mariage de leurs enfants.

Si les parents s'opposent au mariage pour de mauvaises raisons, cela créera une génération de célibataires musulmans malheureux et peu épanoui.

Car ce qui rendra la personne épanouie c'est de savoir qu'elle peut compter sur un conjoint compréhensif et solidaire.

Les couples doivent fleurir dans la communauté musulmane et donner une belle image de notre religion.

L'islam c'est avant tout la paix, la noblesse et l'amour des uns envers les autres il ne faut pas oublier cela et j'ai l'impression que les imams actuels ne mettent pas assez l'accent sur cela privilégiant parler de la relation à Dieu (ce qui est très bien aussi évidemment).

Le prophète Muhammad (saws) était bien sûr un exemple du fait de son comportement avec ses femmes.

Il était doux, gentil, compréhensif ; il avait toutes les qualités.

Cela faisait de lui un sujet de fascination pour les femmes.

En fait, le prophète avait du succès dans tous les domaines de sa vie.

Il est considéré par les musulmans comme le meilleur des hommes que la terre n'ait jamais connus.

Nous devons alors nous inspirer de ses pratiques pour réussir notre vie, car il est pour nous un exemple de succès.

Le succès pour moi dans la vie ne se résume pas à une accumulation de biens matériels.

Nous n'emporterons rien avec nous dans nos tombes.

Je suis un musulman comme un autre, mais je dirais que le succès c'est la relation que l'on entretient avec Dieu.

Plus on est proche de Dieu, plus on ressent Dieu dans sa vie, plus on est sur la voie de la droiture et plus cela s'apparente au succès.

Dans ce monde, nous sommes soumis aux multiples tentations avec le sexe, la drogue, l'alcool et autres et donc nous nous éloignons de Dieu.

Mais n'est-ce pas que le but de la vie est de comprendre la vie et nous soumettre à la toute-puissance de celui qui n'a pas de limite.

C'est par la soumission aux ordres de Dieu que se trouve la paix de l'esprit et le repos de l'âme.

Dieu promet d'accorder une bonne subsistance à celui qui le prie.

C'est pour cela que je trouve la religion musulmane magnifique, c'est une relation entre le créateur et la créature.

Dieu ne nous veut que du bien et c'est pour cela qu'il a envoyé des livres saints et des prophètes pour les confirmer.

Dieu est infiniment miséricordieux et il nous aime, mais il souhaite simplement que l'on respecte ses commandements divins, c'est-à-dire les règles de la vie.

Il nous promet le paradis éternel et le bonheur sur terre à celui qui fera l'effort de suivre ses commandements, n'est-ce pas merveilleux ?

Chacun est pour autant libre de croire à ce qu'il souhaite.

La France est un pays qui accueille toutes les croyances dans la paix et il faut respecter ce pays et le remercier de nous autoriser à pratiquer notre noble religion.

La religion est un apprentissage et un voyage merveilleux dans le sens ou la méditation pousse notre esprit à toujours aller vers le progrès.

L'étudiant en culture islamique doit s'efforcer de combler son ignorance en lisant et en apprenant, en assistant à des assemblées de science.

La religion est belle, elle anoblit le caractère et à travers les épreuves, le croyant obtient un grade plus élevé auprès de Dieu qui lui accorde de nombreux bienfaits.

Ce peut être la santé, l'argent, le succès dans un domaine ou tout simplement le fait de faire partie des gens de bien.

Dans tous les cas, le fait de prier Dieu n'apporte que des avantages.

Le fait de prier Dieu apporte de la joie et de la baraka dans la vie des dévots.

La prière permet de se sentir bien dans sa tête et dans sa peau et d'obtenir une confiance en soi et une assurance dans la vie de tous les jours.

Chapitre XI
Ma passion pour la vie

Malgré les difficultés que j'ai pu connaître, je peux dire à 35 ans que je suis heureux.

Pourtant, je n'ai pas grand-chose.

Je ne suis pas encore marié, je n'ai pas encore d'enfant et je suis ce que l'on pourrait appeler un Tanguy, car je vis avec ma mère.

Chez les Africains, cela est considéré comme normal de vivre avec ses parents lorsque l'on n'est pas encore marié.

Vivre avec ma maman est une bénédiction alors je profite de ses bons plats et cela me rend déjà très heureux.

Le bonheur c'est un sentiment d'apaisement que l'on ressent dans son esprit, une sorte de contentement, et ce n'est pas l'argent qui rend heureux, car le bonheur est un état intérieur.

Certes, l'argent contribue au bonheur, mais ce n'est pas un facteur tellement nécessaire au bonheur.

En tous les cas, moi je vis bien mon mode de vie modeste et je peux dire qu'il m'apporte des avantages.

Les gens me côtoient pour ce que je suis et non pour ce que j'ai et savoir cela est très gratifiant.

Le positivisme est une chose essentielle pour avancer dans ces projets.

Actuellement, j'en suis à mon troisième livre tapuscrit moi qui n'ai jamais été une lumière à l'école.

Mais l'envie d'avancer me fait écrire les lignes que je vous propose actuellement.

Plus vous positivez et plus les choses se passent dans le sens que vous souhaitez. Certains appellent cela la loi de l'attraction, moi je pense que c'est une capacité mentale.

Si vous voulez progresser spirituellement, il vous faudra faire preuve de patience, mais aussi de persévérance. Deux éléments essentiels au succès.

L'inspiration vient avec la répétition d'efforts constants et plus vous en faites, plus vous devenez bons dans ce que vous faites.

C'est une science exacte.

Je ne suis pas un spécialiste du succès financier, car je n'ai été que salarié dans ma vie. Je n'ai été payé qu'un peu plus que le SMIC, mais j'ai lu beaucoup d'auteurs qui ont évoqué ce sujet et cela m'a poussé à développer ma pensée et mes idées à ce sujet.

J'applique les principes de l'honnêteté et de l'intégrité dans ma vie et cela m'apporte beaucoup de joie personnelle, car le monde me le rend bien.

L'écriture est une bouée de sauvetage pour moi dans un monde où j'ai du mal à me faire une place, elle demeure toujours fidèle et me donne l'espoir de me faire une place dans le monde de l'écriture.

Je viens de loin donc devenir un écrivain est déjà un succès pour moi, car j'aurais pu très mal finir notamment à cause des épisodes de délinquance que j'ai eus lorsque j'étais plus jeune.

Je peux dire que je suis un miraculé, car j'avais tendance à voler dans les magasins lorsque je n'avais pas ce qui m'a conduit tout droit à la case prison pendant 8 mois à la prison de Saran Orléans.

Cette expérience carcérale changera ma vie à tout jamais, car elle m'a permis de réfléchir sur ma vie et surtout me dissuade de recommencer cette mauvaise habitude.

La pauvreté ne doit pas être une raison pour engendrer le mal dans la vie d'autrui.

Aujourd'hui, je peux dire que j'ai bien compris la leçon.

Une peine de prison peut être bénéfique si elle vous dissuade de recommencer.

La vie est tellement belle pourquoi la gâcher en commettant des péchés. Si nous avions été sous la loi de la charia, on m'aurait certainement mutilé la main.

Dieu merci, je suis né en France.

J'aime la vie pour la joie qu'elle me donne lorsque je vois ma maman, mon papa, mon frère et mes amis en bonne santé.

J'aime la vie pour la gastronomie et les multiples cultures qu'elle offre.

Le mélange et la mixité, il n'y a rien de plus beau. Je suis contre le nationalisme exacerbé et souhaite que le monde soit plus apaisé, plus serein.

Comme je disais, pour moi la vie est une série de rencontres bonne ou mauvaise et dans tous les cas on croisera les deux.

Mais nous pouvons à chaque instant avoir le choix de choisir son parcours et ses fréquentations.

Chapitre XII
Aimer la simplicité

Le fait d'avoir peu m'a toujours rallié à être modeste. Les échecs de la vie forgent le caractère, mais ils peuvent le fragiliser aussi.

Les épreuves que j'ai subies m'ont forcé à devenir un être humble, car je ne peux pas faire le fier en sachant la misère dans laquelle j'ai vécu et je vis toujours.

La seule chose positive dans ma vie c'est la pratique de cette religion magnifique qu'est l'islam.

La prière me fait oublier toutes les difficultés de la vie, elle me permet de relativiser et me dire, que s'il m'arrive des échecs successifs, c'est qu'il y a quelque chose au bout du tunnel.

J'ai su traverser des épreuves telles que la maladie, j'étais sujet à des crises d'angoisse ce qui m'empêchait de travailler et me maintenait dans un état de pauvreté.

J'ai connu la prison à deux reprises et la psychiatrie générale a deux reprises également.

Aujourd'hui, je suis guéri de l'esprit démoniaque qui voulait me détruire totalement, car il savait que j'avais des capacités à transmettre la religion.

Manifestement, je continue de me reconstruire et j'essaie de vivre malgré toute cette souffrance.

Ma foi m'aide à tenir le choc et à me dire qu'il y aura des lendemains meilleurs.

Mes prières sont une béquille me permettant d'aller mieux, de me sentir mieux et de vivre en paix.

C'est déjà une richesse énorme.

Maintenant grâce à ces épreuves, je sais discerner le bien du mal et j'ai acquis une compétence qui est la simplicité dans ma façon d'être.

Les livres de développement personnel m'ont aidé à passer le cap de la connaissance de soi et améliorer ma mentalité.

Je suis reconnaissant à Dieu de me guider dans les difficultés et de me permettre de réparer mes erreurs par le repentir.

La vie est plus simple qu'on le pense, il faut suivre le flux et aller où le destin nous mène dans une sorte de détachement et de simplicité.

C'est de cette manière que, dans ce voyage, on découvrira ses ressources et une manière de faire qui nous permettront de nous sentir bien.

La simplicité est la récompense de ces épreuves.
Vivre dans la simplicité c'est vivre sans stress, c'est être heureux, quoi qu'il se passe.

Les biens matériels ne deviennent pas notre souci principal, seul, Dieu compte.

Il faut bien sûr penser à avoir une rentrée d'argent, donc penser à vivre correctement, donc trouver un juste milieu entre sa vie spirituelle et sa vie professionnelle.

Le croyant doit chercher à s'enrichir, car de bonnes conditions de vie serviront à mieux adorer le créateur.

Le croyant doit faire un effort pour être ambitieux et faire partie de l'élite, car le souhait de Dieu est que nous vivons correctement pour pouvoir l'adorer correctement et faire de bonnes actions.

La charité, le bon comportement, le fait d'avoir un bon fond, de respecter la nature et ses créatures qu'elles soient animales, humaines ou végétales, c'est de cela dont il est question.

Rester humble face à la création c'est chercher l'amour de Dieu, car Dieu nous demande de respecter ce qu'il a créé de ne pas faire de mal d'être positif et respectueux.

Ces valeurs sont très importantes et ont tendance à être ringardisées dans la société dans laquelle on vit.

En effet, voir une personne très bien éduquée n'attire plus maintenant c'est la médiocrité qui est mise en avant a la télévision et dans les réseaux sociaux.

Plus l'idée est bête, plus elle a de chance de percer et plus une personne montre des qualités de valeur et de gentillesse et plus elle est méprisée.

Malgré tout, le croyant s'efforce de respecter ce que Dieu lui a demandé, car il sait qu'il obtiendra la récompense de sa bonne tenue tôt ou tard.

Le bon comportement enseigné par le prophète Muhammad est la clé du bonheur.

Si vous voyez une personne âgée dans la rue qui a du mal à porter ses courses, aidez-la ; si vous voyez un SDF dans la souffrance, donnez-lui une pièce de temps en temps.

Toutes ses bonnes actions répétées vous apporteront l'amour de Dieu et son soutien dans les moments difficiles.

Les bonnes actions sont une assurance d'avoir la baraka de Dieu, c'est-à-dire avoir une protection divine. Et quoi de plus haut que la protection divine ?

Le bien engendre le bien et le mal engendre le mal, le croyant doit être donc du côté du bien et être un modèle pour la société et pour ses proches.

Aujourd'hui, il est devenu très difficile pour un jeune ou moins jeune de pratiquer sa religion correctement.

Il y a des tentations de partout et le péché est banalisé.

On fait de la publicité pour l'alcool, le cannabis est très facile à se procurer et les relations hors mariages sont devenues la norme.

Il est pratiquement impossible de résister à toutes ses sollicitations sauf si on s'attache fortement à sa foi.

En cas de péché, pas de panique, le repentir est là pour effacer les péchés et se remettre dans le droit chemin.

Dans la religion, il y a une solution à tout.

Le Coran répond à toutes les questions existentielles et nous croyons que c'est la parole de Dieu le tout puissant lui-même.

Qui aurait pu écrire un livre aussi parfait dans sa composition et qui à part Dieu aurait pu nous donner des injonctions aussi précises ?

Il est clair que le Coran ne peut venir que de Dieu et c'est pour cela qu'il est étudié et suivi par des milliards de personnes dans le monde.

L'humilité est une chose très importante, le Coran nous invite à nous sentir toujours moins bien que son frère, cela ayant pour but de se sentir humble et de ne pas s'enfler d'orgueil, car comme l'a dit le recueil de Hadith authentique « N'entrera pas au paradis que celui qui a dans le cœur le poids d'un atome d'orgueil »…

Le croyant doit se sentir fier, mais sa fierté ne doit pas faire de lui un tyran, il doit respecter ses parents, sa famille, ses enfants et toutes les communautés.

Le respect des autres est chose essentielle dans la vie.

Si on veut évoluer vers un avenir de Paix, on se doit tous le respect. On se doit de bien se comporter les uns avec les autres avec des règles de politesse et avec bienveillance.

C'est de cette manière que la paix demeure dans un endroit.

L'humanité est belle, mais elle est fragile. Il faut donc qu'elle puisse vivre en sécurité. Même chose pour les animaux, les plantes et la nature en général.

Le croyant sait que le confort dont il jouit sur terre vient de Dieu, il sait que tout passe par le respect, mais malheureusement et notamment auprès de la jeunesse, cette règle n'est plus respectée.

Avec le rap et la culture hip-hop, certains artistes transmettent des messages négatifs à la jeunesse, ce qui la corrompt et fait d'elle un bateau perdu sur le rivage.

Certains jeunes s'insultent, blasphèment, et ce genre de chose crée des problèmes notamment dans les quartiers sensibles

Chapitre XIII
Sourire malgré les difficultés

Chaque jour de notre vie est une occasion pour se rapprocher de Dieu.

Les meilleurs d'entre nous sont les plus éprouvés par Dieu.

Les prophètes étaient les meilleurs êtres sur Terre et pourtant ce sont ceux qui ont été les plus bafoués, humiliés dans leur vie.

On peut avoir du mal à payer ses factures, vivre dans la pauvreté et souffrir, mais il faut savoir que cela est un test pour voir la foi du croyant.

La foi ne peut s'exprimer qu'à travers les épreuves que Dieu nous donne. Plus l'épreuve sera dure, plus les chances de changer de personnalité sont présentes. Combien de personnes malades ont guéri par la force de leur foi en Dieu et ont puisé dans leurs ressources intérieures afin de pouvoir remarcher alors qu'ils étaient cloués sur leurs chaises roulantes ou bien guérir d'un cancer alors qu'on pensait qu'ils allaient mourir ? La foi est le plus puissant médicament. Le croyant doit prier cinq fois par jour et il est reconnu par la science que la prière est bonne pour la santé.

Elle possède, en effet, des vertus telles que l'apaisement et le bien-être. La prière permet aussi d'entretenir une bonne relation avec Dieu, d'être liée au créateur de l'univers.

Vivre de nombreuses épreuves dans sa vie nous fait énormément apprendre et souffrir nous canalise, car on a plus envie de revivre la douleur. C'est pour cela que l'épreuve est nécessaire, car il n'y a pas plus instructif dans la vie. Quand vous êtes éprouvé par un problème quelconque (maladie, manque d'argent, difficultés sentimentales) vous cherchez un refuge pour trouver une solution au problème et c'est à ce moment-là que Dieu nous accueille dans le meilleur des refuges : la prière. Pouvoir se confier et soulager sa conscience auprès de Dieu est le plus grand don que Dieu nous a donné. Parfois, on se sent triste et on a plus envie d'avancer, on connaît des épisodes de dépression, une multitude de sentiments négatifs nous habitent et on se demande si on verra un jour le bout du tunnel. C'est à ce moment-là que Dieu intervient dans notre vie, mais il faut pouvoir établir une relation avec lui.

C'est donc pour cela que Dieu nous a donné la prière pour que nous puissions être en contact avec lui et nous soulager.

Dieu est infiniment bon et miséricordieux.

Il veut le meilleur pour nous et nous donne tous les outils pour pouvoir nous rapprocher de lui, mais si nous refusons ses signes alors c'est notre faute. Nous sommes sa création, nous lui devons le respect pour la vie qu'il nous a donné.

Je constate que les personnes qui croient ont une capacité importante à accepter les problèmes. S'il y a un deuil, ils savent que c'est Dieu qui a décidé cela et l'acceptent plus facilement.

Avoir la foi en Dieu permet d'avoir un espoir plus grand en la miséricorde divine, on sait que Dieu prend soin de nous quoi qu'il arrive et cela est rassurant, car savoir que l'entité suprême nous aime nous aide à nous sentir bien.

La foi nous donne foi en l'avenir avec l'espoir du Paradis, endroit de félicité éternelle.

Plus le croyant fera ses prières correctement et plus sa place auprès de son seigneur sera élevée.

C'est donc avec un dogme simple que se présente la religion musulmane et c'est grâce aux efforts que nous atteindrons un excellent niveau de vie pour cette vie et pour la vie future.

La prière est un moyen pour le croyant d'atteindre le succès, il mise sur sa foi pour atteindre le bonheur et est récompensé en fonction de ses efforts.

Malgré les difficultés, il faut donc persévérer et se dire que les lendemains seront apaisés par Dieu le très Haut.

C'est un gage de sécurité pour la personne qui se dit qu'en priant elle réussira à régler ses soucis personnels.

Les difficultés de la vie sont traversées par chaque être humain sur cette terre, comme je le disais auparavant, les créatures les plus éprouvées de Dieu sont les prophètes qui étaient des professionnels de la religion alors il faut se réjouir d'avoir des épreuves, car cela signifie que Dieu nous aime.

La paix totale de l'esprit ne se trouve que dans l'au-delà, ici-bas c'est une série d'épreuves qu'il faudra traverser avec la prière comme armure pour pouvoir accéder au bonheur.

Chapitre XIV
La beauté du monde nous environnant

Animaux, plantes, nuages, océans, la nature nous offre chaque un jour spectacle époustouflant si on médite sur la création.

Le monde est vaste, car composé de créatures créées par Dieu.

La beauté de l'Univers fait l'objet d'études de scientifiques qui essaient de percer le mystère de la perfection de la vie.

Beaucoup ne trouvent comme explication rationnelle que la présence de Dieu dans l'élaboration d'une telle perfection.

La vie est une création, un don de Dieu.

N'avez-vous jamais ressenti la paix en vous promenant dans la nature, ou à la plage ou même à la montagne ?

Le monde témoigne de la toute-puissance de Dieu ; c'est pour cela que lorsque l'on observe on est tenté de se rapprocher de la vérité, l'Islam en l'occurrence.

Cette religion nous pousse à croire qu'il y a un Dieu qui contrôle tout.

Des sourates sont consacrées à la création de l'embryon humain.

De fait, qui aurait pu savoir comment tout se passait il y a fort longtemps à une époque où la science n'était, pour certains, pas assez avancée pour comprendre le développement de l'enfant dans le ventre de sa mère !

Quand je regarde les montagnes, les rivières et la création en général, je ne peux qu'être extatique devant ce spectacle fabuleux.

Dieu existe et il est très puissant.

Ce que je ressens en pensant à Dieu est superbe, je ne peux qu'admirer sa toute-puissance.

Comment a-t-il pu penser à tout cela, au cosmos, à la nature ; cela dépasse notre entendement.

L'amour que je ressens pour Dieu dépasse tout horizon et j'ai vraiment envie d'aller au Paradis, car je sais que c'est une promesse salutaire.

Véritablement, rien n'est dû au hasard et la vie dans laquelle nous sommes est un test.

Bien qu'il y ait une forte part de chance et de déterminisme, il semblerait que Dieu veut savoir lesquels d'entre nous seront les meilleurs dans leurs œuvres.

La vie est belle, car elle est courte et on se doit de survivre.

Sans l'oxygène fourni par les végétaux, nous ne pourrions pas respirer et vivre c'est donc un grand bienfait que Dieu nous a donné.

Tout cela doit nous faire méditer sur la création et nous dire que nous devons être reconnaissants pour les bienfaits que Dieu nous a donnés.

Le monde est peuplé de belles personnes et de beaux paysages, tout nous est offert pour que l'on puisse se dire que le monde a été créé à la perfection.

Je ne le dirai jamais assez, cet ouvrage n'est que l'expression d'un croyant et ses pensées couchées sur papier numérique en toute humilité.

À l'heure où j'écris ce livre, je ne sais pas s'il sera publié ; aussi je ne sais pas ce que deviendront mes écrits, mais je profite de l'instant présent et continue à écrire.

Après toute théorie ou contemplation, ce qui compte c'est d'agir.

Devant la création divine, l'homme s'extasie, car il remarque la grandeur de son seigneur et commence à penser qu'il doit se soumettre à lui.

Car le croyant ne peut être satisfait que dans la soumission totale à son créateur, c'est ce qui lui garantit le bien-être.

Le monde est parsemé de gens talentueux tels que des artistes, des businessmans, des sportifs, etc., c'est donc la preuve que tout le monde peut réussir avec la volonté.

Quand je vois des sportifs puissants comme Cristiano Ronaldo ou Lionel Messi, je suis certain que Dieu les assiste dans leur mission.

La puissance vient toujours de Dieu.

Dieu a décidé à l'avance de notre destinée, donc, quoi que tu fasses, sache que Dieu l'a déjà prédestinée.

Ton seul but est de faire des efforts pour obtenir ce que tu souhaites, car nous n'obtenons des choses qu'à la force de notre volonté.

Ces joueurs sont devenus les meilleurs au monde, car ils ont travaillé plus que les autres et ils ont un talent de base donné par Dieu qu'ils ont su développer.

Ils font leur mission en respectant Dieu et en échange Dieu leur donne.

C'est de cette façon que l'on obtient dans la vie.

Chapitre XV
Nous sommes le résultat de nos habitudes

Nos actes conditionnent fondamentalement notre existence. C'est même un jalon d'excellence : prières, exercices spirituels, et même jusqu'aux devoirs maison du lycée, l'action rend compte de notre compréhension ainsi que de nos valeurs.

En cela même, Dieu nous jugera pour nos actes pour la simple et bonne raison que dans la vie on a deux options : pratiquer le bien ou le mal.

Plus je ferais de bonnes actions et plus j'aurais de chance de réussir ma vie et plus je fais de mauvaises actions, plus j'aurais de chance de finir dans l'ignominie.

Nous sommes le résultat de nos habitudes.

Si tu te lèves le matin avec l'intention de prier, tu commences ta journée par une bonne action et tu sais que si tu continues sur cette voie, tu auras la baraka d'Allah dans ta journée.

La discipline est très importante dans la vie, car c'est le moteur de l'ambition.

Tout cela se forge à travers le mental, il ne faut jamais choisir la solution de facilité, car la réussite ne vient qu'avec un travail régulier.

Je n'ai pas la méthode pour devenir millionnaire donc je ne vais pas vous donner de fausses informations.

Ce que je peux dire c'est qu'il faut témoigner d'un certain contentement assorti d'une vie bonne pour parvenir à ses fins.

Condition afférente : la religion.

À toi croyant qui souffre en silence étant donné tes épreuves, sache que Dieu est toujours avec toi et t'accompagne dans tout ce que tu fais.

Si tu lui obéis correctement et que tu pries, il te sera fidèle, quelle que soit la situation.

N'oublie jamais cela.

Lorsque tu as de mauvaises nouvelles et que tu ne te sens pas bien, sache que la solution c'est Allah.

Il ne faut pas hésiter à s'en remettre à lui.

Plus on va faire une action de manière répétée et plus on aura de chance de la maîtriser.

Lorsque j'ai commencé l'écriture, je n'arrivais pas à écrire cinq lignes d'affilée. Je n'avais aucune confiance en moi dans ce domaine, mais je continuais malgré ma faiblesse dans ce domaine.

Rome ne s'est pas fait en un jour.
Parfois, il va être difficile de tenir le cap, car nous serons confrontés à des obstacles dans notre travail, mais ce qui compte c'est de continuer.

Ce qui nous ouvre les portes de la vie n'est simplement, que le courage de continuer.

Il faut se dire qu'il faut avancer malgré tous les obstacles et s'en remettre à Dieu.

Le tout Miséricordieux est là pour nous aider quelle que soit la situation, il ne faut pas le voir comment un être qui nous méprise bien au contraire, il nous souhaite le bien et souhaite que l'on progresse.

Il a tout mis à notre disposition pour que nous puissions le comprendre et nous rapprocher de lui.

Le Coran est d'ailleurs un miracle qui dépasse tout entendement.

En effet, comment un être humain aurait-il pu créer un guide politique et scientifique aussi précis ?

Plus vous prierez plus votre vie deviendra simple à entreprendre, car Dieu sera au contrôle sans que vous en rendiez compte.

C'est pour cela que de grandes célébrités telles que Denzel Washigton, Puff Daddy ou encore d'autres affirment devant le grand public s'en remettre à Dieu pour leurs affaires.

Dieu c'est le créateur de toute chose, il connaît tous ses secrets.

S'en remettre à lui régulièrement c'est donc l'assurance de la réussite ici-bas et dans l'au-delà.

La vie n'est qu'un test et Dieu nous a créés pour qu'on l'adore.

Les prières quotidiennes aident à se sentir bien.

D'après les scientifiques, la prière a des vertus sur la santé, car elle permet de baisser sa tension et c'est aussi une gymnastique quotidienne.

Le chemin de Dieu n'est pas la voie de la facilité, c'est la voie de la sagesse et celui qui est déterminé à réussir dans la vie doit prendre ce chemin pour avoir la protection ultime.

Celui qui fait des efforts sera récompensé au quotidien, soyez-en sûr, c'est la clé de la réussite.

Il ne faut pas se décourager en se disant que l'on n'y arrivera jamais, que c'est trop dur… Il n'y a rien de difficile dans la vie lorsque l'on a de la motivation et en effet lorsque tu comprendras cela, les portes s'ouvriront pour toi.

On m'a souvent posé la question de savoir si j'étais légitime pour parler de Dieu, mais je pense que tout le monde est légitime pour parler et pour s'exprimer surtout s'il a étudié.

En effet, pendant quatre ans, j'ai appris la croyance musulmane (at tawhid), ce que j'ai pu constater est que ma foi augmentait à cette époque.

Parler de Dieu fait nous sentir vivants et fiers et c'est une conséquence directe de son adoration qui est le fait de se sentir bien dans sa peau.

Le fait de parler de Dieu ou d'assister à une assemblée de science attire les anges et vous fait sentir bien automatiquement.

Tous ceux qui pratiquent cela pourront vous le confirmer.

Il faut laisser une place pour Dieu dans sa vie et dans ses conversations, car cela rassure, fait du bien et surtout apporte des récompenses (hassanets).

Dieu, le tout puissant doit être aimé à sa juste valeur, il faut lui donner sa place qui est celui du maître des cieux et de la terre et soumettre tout son être à sa glorification.

Chapitre XVI
Compenser le manque cruel d'argent

La monnaie sécurise les transactions, c'est ce qui change une vie, c'est un élément puissant qui manipule tout ce qu'il croise sur son passage, car il crée aussi de la dette.

Quand Moïse est retourné voir son peuple avec les Tables de la loi, il a retrouvé son peuple en train d'adorer le veau d'or.

Tout cela pour dire que les richesses sont aimées de tous et c'est normal, car Dieu nous a créés comme cela.

Mettre l'argent et le matériel à la place de Dieu, c'est-à-dire associer Dieu à la richesse. Cela c'est de l'association majeure (shirk) et ce n'est pas pardonné de Dieu.

Cela est un grand péché, le plus grand, même avant le crime.

En effet, Dieu n'accepte pas que l'on profère des mensonges à son sujet, le chemin de Dieu se doit d'être sain.

Si tu veux avoir une bonne relation avec Dieu, tu dois apprendre à savoir qui il est, c'est-à-dire apprendre ce qu'on peut dire à son sujet et ce que l'on ne peut pas dire à son sujet.

Le chemin de Dieu est le chemin par lequel la vérité est omniprésente, c'est-à-dire que le mensonge ne peut pas être toléré pour celui qui veut se rapprocher du très haut.

Dieu nous accueille, mais il faut être droit pour pouvoir ressentir la saveur de la foi.

L'argent est l'élément qui déchaîne beaucoup les passions, car il permet, dans l'absolu, de pratiquement tout obtenir matériellement.

L'argent c'est le pouvoir et les guerres et autres conflits le tiennent pour responsable.

Les chefs d'État travaillent pour obtenir plus d'argent et peu d'États travaillent pour rendre grâce à Dieu sinon il n'y aurait pas d'injustice sur terre.

Alors peut-on dire que l'argent c'est le mal ?

Je vais donner mon avis personnel : pour moi oui et non.

Je ne pense pas que l'argent soit un mal en soi bien entendu, car il permet de régler ses problèmes de santé ou de confort, il permet de pouvoir se loger, se vêtir et se nourrir donc en soi il est vraiment très utile à chacun.

Le problème est dû au fait que l'argent crée des injustices.

1 % de la population mondiale détient 95 % des richesses mondiales, c'est un fait et si cet argent était redistribué il n'y aurait aucun pauvre.

Mais l'argent crée la cupidité qui s'installe dans son cœur et le pousse à vouloir posséder toujours plus.

Sur le chemin de Dieu l'argent devient propre, car il est utilisé que dans les bonnes actions : nourrir et vêtir sa famille, faire des activités de qualité enrichissante, manger halal.

L'argent du croyant est avant tout utilisé pour lui assurer une bonne qualité de vie et cet argent lui permet d'adorer son seigneur d'une belle manière.

Quand la connexion avec Dieu est assurée à travers la prière notamment, la personne obtient ce qu'on appelle la sakina (ou la paix) dans son âme et dans son cœur et cela lui suffit à satisfaire son bonheur sur terre.

L'humain recherche avant tout la paix de l'esprit et il pense l'obtenir via son argent. Mais, combien de millionnaires sont submergés par la crainte et les problèmes ?

La paix sur terre se trouve dans l'adoration de Dieu et c'est cela que nous devons comprendre.

Ce ne sont pas les biens matériels qui reflètent de la qualité de la personne.

Ce qui donne de la valeur à un être humain c'est sa piété, autrement dit le cheminement vers le Bien.

La piété qu'est-ce que c'est ?

Éviter les interdits et faire ses obligations religieuses tout simplement.
Mais plus facile à dire qu'à faire…

En effet, on ne parle pas beaucoup dans les milieux religieux de la difficulté à pratiquer.

Devenir pieux demande un travail important sur sa personne (Jihad el nafs), ce qui veut dire renoncer à tout ce qui peut entraver la foi.

Or l'humain est faible, il a un penchant pour la fornication alors que les relations hors mariages sont interdites, il aime fumer alors qu'il sait que c'est mauvais pour sa santé, etc.

En effet, l'âme humaine est de nature pécheresse, il est donc difficile pour l'être humain de se reformer.

C'est la chose la plus difficile à faire.

Mais revenons au sujet de ce chapitre, le rapport du croyant à l'argent.

En effet, on sait que l'argent est essentiel, mais il est difficile d'en gagner c'est pour cela que la foi en Dieu est essentielle pour savoir gérer les périodes de disettes !

En effet, la religion musulmane nous enseigne que tout est prédestiné de la part de Dieu et qu'il est celui qui donne la subsistance a ses créatures.

Tout ce que Dieu te donne a été écrit à l'avance.

Cela signifie que le croyant ne s'inquiète aucunement de sa situation, car il sait que s'il fait les causes pour avoir son argent, Dieu lui donnera ce qu'il a prévu pour lui.

Cela n'enlève aucunement la responsabilité de gagner sa vie (« Aide-toi et le ciel t'aidera »), mais cela rassure en se disant que Dieu n'oublie personne dans ce monde et peu importe si tu ressens le manque à certains moments, sache que tout cela n'est que la volonté de Dieu.

L'humain qui vit dans la pauvreté doit être patient, car l'argent arrive rarement du jour au lendemain.

Il doit travailler sur sa condition pour obtenir ce qu'il souhaite dire, faire l'effort sur son attitude pour s'améliorer et chercher des pistes pour obtenir ce qu'il souhaite.

Il doit faire en sorte de mettre la bonne intention dans la recherche de sa subsistance ; avec l'aide de Dieu tout est possible.

Il faut avoir une bonne opinion de Dieu et le considérer et c'est comme cela que l'on sera prêt à recevoir ces bénédictions, car Dieu est infiniment généreux et donne à qui il veut.

La religion musulmane nous apprend à être patients dans la difficulté c'est-à-dire à être endurants face aux épreuves et à placer sa confiance en Allah.

Allah est le défenseur de ceux qui ont la foi, il les fait passer des ténèbres à la lumière et c'est donc de cette façon que le musulman évolue dans sa vie personnelle en donnant sa vie à Dieu avec l'espoir de sa récompense.

L'argent tout le monde le cherche, tout le monde le veut pour améliorer sa condition

La terre appartient à Dieu ainsi que tous les trésors contenus à l'intérieur.

Il faut donc mettre Dieu au centre de ses objectifs, penser à améliorer la relation qui nous lie avec lui, ne pas oublier de lui demander de l'aide.

Parfois, la réponse de Dieu tarde à venir et on désespère.

C'est à ce moment même où la motivation du croyant doit être plus forte pour patienter dans l'espoir d'obtenir ce qu'il attend, car Dieu nous donne toujours les choses que nous désirons, pas au moment où on le souhaite, mais au moment où nous sommes prêts à recevoir cela.

J'écris ce livre à une période où ce n'est pas facile pour tout le monde. Je le sais, chacun rencontre la difficulté à un moment de sa vie et c'est normal, car c'est la vie qui est faite ainsi, le paradis n'existe pas sur terre.

On peut avoir tout l'or du monde, il y aura toujours quelque chose qui nous manquera.

Soit donc patient et continue d'invoquer Allah dans tes prières, il va t'aider à obtenir tout ce que tu souhaites inch Allah.

Si tu commets des péchés, ne désespère pas de sa miséricorde au grand jamais, car qui à part Dieu peut pardonner tous tes péchés.

Dieu nous aime. Il souhaite que nous réussissions ce test de la vie, mais il nous a laissé le libre arbitre de décider, si nous souhaitons lui faire confiance ou non.

Il est normal qu'il ait créé l'enfer pour les gens qui auront été ingrats envers lui, car sans lui nous ne pourrions en aucun cas jouir de la vie sur terre.

La reconnaissance envers Dieu doit donc être permanente si nous voulons éviter la colère de Dieu.

L'argent prend tellement de place dans notre société qu'on se demande si ce n'est pas une bénédiction de ne pas en avoir des tonnes, car le fait d'avoir beaucoup d'argent donne un sentiment de puissance qui peut faire que la personne se sente supérieure.

Or, dans nos tombes au moment de notre mort qui sera certaine, nous serons seuls avec nos actions.

Alors, donnons à l'argent la place qu'il mérite : derrière Dieu et derrière l'humain.

Chapitre XVII
Le développement personnel est aussi valable pour le croyant

L'islam c'est la religion du développement personnel par excellence.

La religion pousse l'homme à se surpasser pour avoir un bon comportement et à être bon envers son prochain ce qui est la base du développement personnel.

La prière rend humble, car elle pousse le croyant à se prosterner devant son créateur, reconnaissant qu'elle a une puissance qui lui est supérieure.

Cette humilité de reconnaître que l'on n'est pas grand-chose sans Dieu est la base de la religion.

En effet, que peut-on devenir si on n'a pas la protection de Dieu dans sa vie (la baraka) ?

Dieu nous a créés pour l'adoration sous toutes ses formes qu'elle soit physique ou dans les actes.

Le développement personnel de l'individu trouve une place importante dans la religion.

En effet, Dieu nous demande de lui être soumis, car l'humain a été créé pour se soumettre.

C'est aussi simple que cela.

Tout est lié dans la vie que ce soit le domaine spirituel comme matériel comme sentimental et Dieu nous promet la réussite dans tous ses domaines si on respecte sa loi.

Libre ensuite à chacun de décider de prendre le chemin de Dieu ou non.

Nous avons le libre choix de nos décisions, ce qui prouve que Dieu n'est pas un tyran.

Il laisse à chacun le choix de décider de sa vie, mais il nous dit ce qu'il va se passer si nous ne respectons pas ces lois.

Tout est dit dans le Coran.

Le Coran est la parole de Dieu et dans ce livre Dieu s'adresse à l'humanité.

Il nous demande simplement de nous respecter et de respecter sa création dans les sourates, il nous demande de croire et de respecter les piliers de la religion que sont : La croyance en Allah et en son messager, la prière, le jeûne de ramadan, l'aumône aux pauvres et le pèlerinage à la Mecque.

Dieu nous demande de respecter ses piliers, car c'est par la pratique de la religion que l'on peut accéder au paradis.

L'islam enseigne les bonnes valeurs de tenue dans la société en donnant un respect considérable aux hommes, mais aussi aux femmes.

Dieu souhaite de ce fait préserver la nature humaine qu'il connaît mieux que quiconque étant donné qu'il en est le créateur.

Le Coran est donc un guide pour les croyants.

Ce guide pousse le croyant à pratiquer l'excellence de comportement.

L'excellence de comportement c'est ce que doit viser ce qui veut réussir sa vie dans ce monde.

Oui, le Coran appelle l'être humain à réussir sa vie.

Comme vous pouvez le constater je ne cite aucun verset du Coran je partage seulement mes idées et mon point de vue sur la religion que je pratique depuis maintenant 13 années à l'heure où j'écris ce livre.

J'ai pris cette demi-saison pour éviter les divergences et le débat et les mauvaises paroles tout simplement.

De plus, je pense ne pas être suffisamment spécialisé pour citer des versets coraniques.

J'essaie de parler de ma passion pour Dieu, un Dieu de miséricorde et d'amour.

J'essaie de lui redonner la place qu'il mérite dans un monde où beaucoup le critiquent sans le connaître réellement.

La vie a été créée par Dieu pour nous les êtres humains, en effet nous sommes la meilleure de ses créatures.

Au commencement, Dieu façonna Adam d'argile puis lui créa la femme, Eve (Hawa chez les musulmans).

C'est alors que Dieu demanda aux Anges de se prosterner devant Adam et tous s'exécutèrent sauf Iblis qui s'enfla d'orgueil en fulminant : « Pourquoi me prosternerais-je devant une créature que tu as créée de terre alors que moi je suis créé de feu ? »

Cet affront marque le début de l'histoire du diable qui prit naissance à ce moment banni par Dieu du paradis.

Dieu lui laissa alors un délai sur terre avant de lui attribuer une place éternelle en enfer et c'est alors que Iblis dit : « J'emporterais avec moi en enfer un maximum d'êtres humains sauf ceux qui auront cru en toi. »

C'est de ce fait que l'histoire du monde commença comme cela nous est indiqué dans l'Honorable Coran.

Ce qu'il faut savoir c'est que le diable est pour nous un ennemi déclaré, c'est notre pire ennemi et malgré le fait qu'on ne l'a jamais vu il existe bien et fait tout pour répandre le mal sur terre et détourner les hommes.

C'est sa mission principale.

Or on constate aujourd'hui qu'il prend de plus en plus le pouvoir notamment en utilisant l'argent pour diviser les peuples.

Les richesses du monde sont assez nombreuses pour que toute l'humanité puisse en profiter.

Pour la théorie (sic) !

Mais en pratique, ce sont les injustices qui sont nombreuses et dont on constate l'étendue dans ce monde.

Les riches s'enrichissent grassement pendant que dans certaines zones du monde, les habitants manquent d'eau potable.

C'est le diable qui installe dans le cœur de l'homme la cupidité et qui pousse l'homme à toujours posséder plus et à négliger la valeur de partage, essentielle pourtant dans la vie.

C'est pour cette raison que l'Islam oblige le croyant à reverser une part de sa richesse (2,5 % de sa richesse annuelle) aux pauvres pour que la pauvreté ait un remède.

Or dans plusieurs pays et même dans certains pays musulmans, ce principe n'est pas respecté.

La zakat, l'aumône aux pauvres est donc essentielle à la survie de l'espèce humaine et c'est pour cela que les peuples développés sont ceux qui respectent ce principe de redistribution des richesses.

Tout le monde devrait pouvoir se nourrir, se loger et se vêtir dans ce monde, mais on remarque que ce n'est pas forcément le cas.

Il suffit de lire le Coran, et Dieu dit que ce livre est adressé aux personnes qui sont dotées d'intelligence à savoir tout le monde, car tout le monde devrait pouvoir être capable de méditer ce livre ; même des enfants !

Pour revenir au sujet de quel est l'apport du développement personnel concernant l'islam, c'est que cette religion confère le Bien à travers bon nombre de valeurs.

En effet, l'Islam tend à lutter contre la cupidité grâce à la zakat, ce qui développe aussi les instincts de générosité de la personne qui la pratique convenablement.

L'Islam est quasiment la clé de tous les maux sur cette terre, mais étant donné qu'elle a une image mitigée, fortement due à une méconnaissance de cette religion.

Chapitre XVIII
L'Islam : religion de paix et de tolérance

Un Arabe n'est pas supérieur à un non-arabe et ce qui fait qu'un individu est supérieur à un autre n'est pas sa richesse ou sa provenance, mais son degré de piété.

Ces paroles magnifiques du prophète Muhammad (saws) expriment bien l'idée de cette religion.

En effet, l'islam vise à mettre tout le monde sur un pied d'égalité et pousse chacun au respect de tout ce qui l'entoure.

Les valeurs de tolérance y sont prônées, une femme et un homme de différentes origines peuvent s'unir dans le cadre du mariage.

Si tous les musulmans suivaient la religion correctement, le monde serait bercé dans le bien et l'amour et je pense que c'est pour cela que Dieu a descendu le Coran : pour faire passer un message d'amour et de fraternité.

Tout le monde est frères et sœurs.

Nous sommes tous constitués de la même façon, il n'y a donc pas de boycott à apposer, chacun peut s'unir avec qui il le souhaite en respectant certaines conditions.

La seule condition pour un mariage est que la femme se marie à un homme musulman.

Il doit être pieux.

Cela ne doit en rien entraver le mariage, mais la réalité est plus complexe.

En effet, de nos jours, le mariage est davantage une affaire de contentieux où le montant de la dot s'élève immodérément pour des raisons que j'ignore.

Quelle surprise de savoir que certaines familles demandent des dots à cinq chiffres alors que le mariage doit être la chose la plus simple au monde !

Le but du mariage est d'unir un homme et une femme et leur permettre de jouir l'un de l'autre de façon autorisée (hallal).

L'entente dans le couple est basée sur la tolérance.

Tout est basé sur la tolérance dans l'islam.

On entend souvent des choses négatives sur la religion, mais cela est dû à certaines personnes qui pratiquent mal la religion et donnent une mauvaise image de la religion.

La violence est interdite dans la religion sauf en cas de légitime défense.

C'est donc la religion de la tolérance et de la bienveillance à laquelle nous avons droit et elle véhicule un merveilleux message de paix.

Les croyants se considèrent comme des frères ; ils s'appellent de cette manière ; ressentent de bons sentiments envers leur prochain.

Lorsqu'une personne traverse une difficulté, elle doit recevoir de l'aide de la part de la communauté, on voit beaucoup de mosquées qui financent des enterrements et cela aux frais des croyants.

Lors des bonnes nouvelles comme les mariages ou les naissances, les musulmans se réunissent pour faire la fête et célébrer la bonne nouvelle.

Une certaine proximité est présente dans la communauté, ce qui diffuse un climat de bonté et de joie.

Quand je me suis converti à l'islam à l'âge de 22 ans j'ai dû tout réapprendre.

En effet, l'islam est un mode de vie complet basé sur la purification.

Le musulman fait ses ablutions avant d'entrer en prière, ce qui le maintient dans un état de propreté, ce qui est une bonne chose, car ça le maintient dans un état de propreté tout au long de la journée.

Celui qui pratique la religion ressentira immédiatement une sensation de bien-être dû à son mode de vie basé sur la propreté.
Le prophète encourageait ses adeptes à pratiquer l'exercice physique et à travailler, ce qui constitue une sunna dans la religion.

(Sunna étant une pratique prophétique) c'est-à-dire que la vie du musulman est basée sur une discipline qui ne fait que lui apporter du bien dans sa vie.

Le prophète était extrêmement tolérant avec les autres.

Lorsqu'on l'arrêtait pour lui poser une problématique, il y répondait toujours avenant, en prenant son temps.

Il s'appliquait à pratiquer le bon comportement, élément essentiel dans la vie du croyant.

À chaque fois que vous avez l'occasion de pratiquer le bon comportement, n'hésitez pas.

Le bon comportement n'amène que le bien et il nécessite peu d'efforts.

Bien se comporter avec une personne, c'est lui donner du respect, de la considération, c'est lui faire plaisir, c'est s'assurer de son bien-être.

Si tout le monde adoptait le bon comportement, le monde se porterait beaucoup mieux.

Le bon comportement est la base pour établir un climat de paix dans la société.

Le but du Coran est d'amener la paix sur terre.
Mais aujourd'hui et à cause de la politique, la paix est menacée.

Certaines personnes privilégient le côté mercantile au côté spirituel et de ce fait travestissent la religion en y ajoutant des choses (bidaha) ou en déformant les paroles religieuses pour leurs intérêts personnels.

Mais ce n'est pas de cela dont il est question dans ce livre, ici nous ne regardons que le point de vue positif de la religion de l'islam que je me permets de défendre, car j'en connais les bienfaits.

Le croyant doit avancer dans la vie avec une confiance totale en son créateur et se dire que s'il lui arrive un bien il vient de son créateur et si un mal lui arrive il ne vient que de lui-même, car Dieu nous enseigne et n'accepte que le bien.

Si vous êtes dans un mauvais chemin, vous aurez inévitablement le châtiment divin.

Il faut donc tout faire dans cette vie pour gagner l'amour de Dieu et éviter de recevoir son châtiment divin.

L'entraide envers les pauvres est un point essentiel de la religion, le musulman ne peut pas passer à côté d'une personne dans le besoin sans lui apporter assistance s'il en a les moyens.

C'est la base de la religion, prendre soin de son prochain, faire des maraudes, lui apporter assistance lorsqu'il est dans le besoin.
Si tout le monde avait cette mentalité, le monde se porterait mieux et on n'assisterait pas à une telle violence.

Dieu donne beaucoup à certains et peu à d'autres, car il souhaite que nous partagions le monde qu'il nous a créé, il souhaite que nous soyons en connexion, en lien immodéré.

Le développement personnel actuel est basé sur la psychologie, mais on oublie qu'il est aussi la base de la religion.

Le croyant cherche toujours à progresser et à devenir quelqu'un de meilleur au quotidien en pratiquant ses actes d'adoration qui le purifient et développent son intelligence et sa capacité.

La prière est la clé de la religion.

Chapitre XIX
La prière : chemin de la réussite

Lorsque je ne priais pas, j'ai constaté que ma vie n'avait pas de sens.

J'ai commencé à apprendre à une époque où j'étais un étudiant fêtard et insouciant de la vie.

Perdu dans l'océan de la vie, je me fichais de mon avenir. Ce qui importait pour moi c'était simplement de m'amuser, mais je n'étais pas du tout épanoui.

Ce qui importait à cette époque, c'était simplement de m'amuser et d'avoir des relations volages, mais cela ne m'apportait rien.

J'avais un sourire de façade auprès de mes amis ; au fond de moi une grande tristesse m'habitait.

La prière arriva à point nommé, elle a soigné mon âme et m'a fait prendre conscience du but de l'existence.

Je voyais mes amis musulmans natifs prier ; faire le ramadan ; dans le souvenir de Dieu en permanence.

Je trouvais cela passionnant, car je les trouvais cadrés par un supplément d'âme, moi qui avais besoin de repères.

Ils avaient un engouement à adorer Dieu.

Ce constat fut vraiment saisissant.

Aujourd'hui, je prie et je me sens apaisé et heureux bien que tout ne soit pas rose au quotidien.

Motivée par le salut et pour fuir la fugacité, la prière est stimulante.

Voilà ce qui m'importe ; suivre le chemin des prophètes ; mashallah ; s'assurer de suivre la bonne guidée, un sacrifice qui en vaut la peine.

La prière purifie l'âme et la clarifie c'est un remède contre la tristesse et la dépression.

Possédant des vertus innombrables que je ne saurai énumérer pleinement, voici celles qui me tiennent à cœur concernant la dévotion : faire ses ablutions régulièrement, considérer sa propre vie avec humilité, être en communion avec les fidèles.

Cependant, seul le Tout Puissant sait si cette situation évoluera, peut être qu'un jour elle sera acceptée et reconnue comme remède.

Rappelons que selon un des cinq piliers de l'Islam, le musulman se doit de prier cinq prières obligatoires par jour.

Il prie dans l'espoir d'obtenir les faveurs de Dieu et pour vivre l'expérience, je peux dire que ça fonctionne, car dans ma vie j'ai toujours guéri de tous les maux qui me sont parvenus.

Dieu est infiniment bon, généreux et doux avec nous, ses créatures.

Si tu crois sincèrement en lui, sa protection te suivra partout où tu vas dans la vie.

J'espère qu'il en aidera plus d'un et que ses paroles vous aideront à trouver la force qu'il vous faut pour continuer ou même entrer dans le chemin de Dieu pour certains.

Cela fait maintenant un certain temps que je médite sur la création et sur Dieu et cela me fait du bien d'écrire et retransmettre tout ce que j'ai pu apprendre.

Comme je l'ai dit, je ne suis ni imam ni spécialiste en science religieuse, je suis simplement un étudiant de longue date qui a appris beaucoup de choses et qui espère les retransmettre de la bonne façon.

Que Dieu me pardonne s'il m'arrive d'avoir un oubli ou de commettre une maladresse.

Le respect et la considération que j'ai pour Dieu me poussent à vous en parler, je souhaite partager mon expérience de la foi musulmane avec vous.

Peut-être que vous vous reconnaissez dans certaines de mes paroles et si c'est le cas j'en suis grandement ravi.

Ce que l'on dit peu sur l'islam c'est qu'il a relativement sauvé des vies, car l'islam c'est avant tout une religion de savoir et de protection.

La religion aide à se sentir bien dans sa tête et à éviter de faire des fautes qui peuvent nous nuire à nous même ou aux autres.

La religion permet de garder les pieds sur terre et la tête sur les épaules.

Si j'ai voulu faire un chapitre sur l'importance de la prière, c'est parce qu'elle est essentielle, les sensations que vous ressentez quand vous priez avec une bonne concentration sont indescriptibles, la prière est le remède à la vie, la prière est la chose sur laquelle on sera interrogé au jour du jugement dernier et elle est la clé du paradis.

Il faut être persévérant pour réussir à prier avec constance, mais le jeu en vaut la chandelle.

La prière vous permettra d'être conscient sur la vie qui vous entoure et de rester concentrer chaque instant sur la réussite, car vous savez que cinq fois par jour vous rencontrerez votre créateur donc vous aurez peur de faire de mauvaises actions.

La prière m'a canalisé, moi qui étais destiné à devenir un délinquant, pris dans la spirale de la violence comme beaucoup de jeunes, je ne savais pas comment faire pour m'en sortir.

Quand je ne priais pas, je me sentais terriblement seul et incompris. La prière m'a donc apporté une présence rassurante et quelle présence que celle de notre créateur.

La spiritualité est un baume au cœur, un médicament, un refuge dans lequel on peut se confier.

Il faut prier pour ressentir la paix dans son esprit, il faut prier pour ressentir la sécurité et l'amour dans sa vie, il faut prier pour demander sa moitié à Dieu.

Il faut croire que Dieu peut réaliser tous nos rêves, car il est omnipotent.

Dieu est capable de tout dans ce monde, car c'est lui le créateur de toute chose.

La prière apporte un bel état mental, elle chasse la perversité et le malheur, elle apporte la bénédiction dans sa vie.

Il n'y a rien qui puisse vous empêcher de prier, il fait toujours placer la prière en première position dans votre vie, car c'est elle et seulement elle qui est garante de votre évolution.

L'islam vous apportera le bonheur, quelle que soit votre situation. Que vous soyez marié, célibataire, travailleur ou sans-emploi, la prière vous apportera la satisfaction de vous dire que vous faites le bien, la prière vous apportera le bonheur et l'espoir de vous dire que vous aurez un avenir meilleur.

Il ne faut surtout pas négliger la prière, car c'est votre connexion avec Dieu.

Prenez un bon tapis de prière et essayez d'expérimenter la prière, vous verrez que vous vous sentirez bien, ne négligez pas la prière. Ne vous dites pas qu'elle est inutile dans votre vie, car c'est faux.

La prière m'a personnellement sorti de situations désespérées que je vous raconterai, sans doute, dans un autre livre.

La confiance en Allah s'accroît à force de l'adorer et vous ressentez une douceur dans votre âme ainsi que dans votre cœur.

C'est chose fantastique et surnaturelle d'avoir l'amour de Dieu dans sa vie, car vous êtes guidé par la puissance suprême alors dans ce cas vous savez qu'il ne peut rien vous arriver.

C'est la paix et l'amour de votre créateur qui prennent place dans votre cœur, le bonheur de vivre, la joie de vivre et la raison saine.

À une époque où chacun cherche à trouver sa voie dans la vie, la prière répond à tout.

Invoquer Dieu dans ses prières est le meilleur moyen de réussir sa vie, car la réalisation des invocations peut arriver à tout moment si Dieu le souhaite.

Vous pouvez avoir n'importe quel problème si vous invoquez Dieu sincèrement dans vos prières, il y répondra, peu importe le temps que ça prendra.

Prier nous mène donc vers la voie de l'excellence, de la pudeur et de la foi.

Quand j'ai commencé à prier, j'ai ressenti des changements immédiats dans mon quotidien (meilleure clarté d'esprit, plus de joie, plus grande forme physique, plus de chance dans les affaires), car les maladies sont essentiellement psychosomatiques.

Depuis je n'ai pas pu arrêter de prier, c'est devenu un rythme de vie qui prend en charge mes journées.

Je te conseille de prier toi qui est dans une période de doute ou de stress, Dieu répondra à ta demande.

Si c'est la richesse que tu désires, prie. Dieu te l'offrira certainement.

Dieu souhaite réaliser nos invocations et sur le chemin de Dieu est le chemin qui mène à la richesse inévitablement.

Si la richesse ne vient pas ici-bas, elle sera présente dans l'au-delà, au paradis.

Dieu veut que l'on profite et que l'on jouisse de la vie et il souhaite que l'on respecte les règles qu'il a établies.

Si on respecte la création, la création se soumet à nous et nous en récoltons les fruits.

L'objectif de ce livre n'est pas de donner un cours de religion, je n'ai pas les compétences pour cela bien que je m'y intéresse profondément.

Le croyant est une personne pleine de ressources et le but de ce livre est de vous faire partager la vie d'un croyant lambda.

Parfois, les gens ont du mal à comprendre les musulmans et cela m'attriste, car au fond, ce que l'on veut c'est respecter et aimer l'humanité tout entière.

Chapitre XX
Pourra-t-on enfin un jour se comprendre ?

La France est un pays ou la paix sociale est relativement assurée.

Les différentes communautés vivent ensemble et se rejoignent auprès d'un projet commun, la fraternité citoyenne.

Mais cet équilibre a été bousculé avec la méconnaissance et les a priori autour de l'islam.

À la suite des attentats islamistes, certains non-croyants ont eu une mauvaise image de la religion musulmane.

Mais la religion musulmane n'est en aucun cas un théâtre omniprésent de violences.

Le prophète (saws), bien que chef militaire de son état, libérait ses captifs pendant les guerres, ils les nourrissaient et prenaient soin d'eux.

La torture envers son ennemi était interdite au point que certains ennemis se convertirent à l'islam après avoir vu le noble comportement que les musulmans avaient envers eux.

En islam on ne rend pas le mal par le mal, mais on rend le mal par le bien.

C'est un principe fondamental.

La méconnaissance de la religion musulmane a donc fait douter beaucoup de gens ignorant beaucoup de cette religion, mais qui se permettent de la juger négativement à cause d'une minorité malveillante.

Comme le dit cet aphorisme : si un mouton est malade, tout le troupeau sera infecté !

Tel est le cas ; on a pu d'ailleurs voir une série d'actes islamophobes avec des profanations de tombes musulmanes, ou graffitis injurieux sur les mosquées à la suite d'attentats revendiqués au nom de l'islam.

Comment expliquer aux militants du rassemblement national que l'islam n'est nullement fautif dans l'adversité économique et sociale que rencontre le pays ?

Comment expliquer à ceux-ci que la majorité de la population musulmane est bienveillante et souhaite tout bonnement le vivre-ensemble ?

La discrimination devrait rigoureusement cesser.

Les compétences de bon nombre d'entre nous sont indiscutables.

Il faut dire que certains médias attisent les flammes de la fourberie.

Lorsque les intervenants, et ceux des plus polémistes s'expriment sur BFM TV concernant l'islam, il y a matière à s'indigner.

Comment peut-on confondre religion et idéologie ?

L'idéologie est le ressort de dogmes alors que toute religion est l'apanage de la bienséance.

De tous horizons sont les individus qui se convertissent et faisant partie intégrante de l'Oumma ; ces derniers ayant étudié et adhéré à la bienveillance du Livre.

Les convertis sont des membres très importants dans la communauté pourtant confrontés – du fait de leur religion initiale – à une double culture.

Ils sont manifestement à même d'être des médiateurs pour la paix et la compréhension mutuelle entre les peuples.

Dieu nous a créés pour que nous profitions de la vie dans un climat de douceur, de paix et de joie, et cela malgré les déboires qui cheminent dans notre existence.

La recherche de la vérité passe par Dieu, les exercices spirituels, ainsi que la foi.

Pour le racisme qui est un fléau à dimension incurable, rappelons que ce qui fait la qualité d'une personne c'est son succès et son intellect ; gages de respect et de considération.

Chapitre XXI
Les richesses de la misère

Je suis né dans une famille moyenne avec une maman et un beau-père qui travaillaient.

On ne manquait de rien malgré qu'on n'était pas riches.

Grandir dans un quartier HLM n'est pas facile, tout d'abord parce que vous êtes jugés en permanence par le monde extérieur et qu'il faut se retrousser les manches deux fois plus pour se faire sa place.

Là où ceux qui ont leurs parents pour leur payer de hautes études et leur offrir un avenir confortable, nous banlieusards devons-nous débrouiller.

J'ai grandi dans un univers où il fallait aller chercher la réussite et ce que je fais toujours actuellement.

À 35 ans je n'ai pas trouvé ma place dans la société toujours, mais j'y travaille, ce sont peut-être mes périodes de chômage qui m'ont fait trouver ma vocation d'écrivain.

Je remercie le ciel de m'avoir trouvé cette activité.

Sans l'écriture je ne sais pas ce que je serais devenu, peut-être aurai-je basculé dans le banditisme pour m'en sortir comme des milliers d'autres qui n'ont pas trouvé d'autres occupations.

L'écriture me permet de m'adresser à vous sans filtre et de pouvoir vous partager ma vision du monde tel que je la vois.

Je ne sais pas si ce livre aura un succès, mais ça me fait du bien de l'écrire.

C'est une thérapie.

Il faut savoir que dans nos cités il n'y a pas que de la délinquance, cela tout le monde devrait le savoir.

La majorité des gens qui vivent dans les cités sont des personnes comme tout le monde, la plupart ont un métier, une famille et s'en sortent pour payer leurs factures.

Les médias ont beaucoup stigmatisé les jeunes de banlieue en mettant tout le monde dans le même panier, mais je dois rétablir la vérité.

La majorité des personnes vivant en banlieue veulent simplement réussir.

La religion m'a beaucoup aidé à supporter la difficulté de la vie.

Pendant mes périodes de chômage qui ont parfois été longues, j'avais mes prières pour m'assurer une discipline.

Je suis reconnaissant que Dieu m'ait donné cela, car lorsque je n'avais pas la religion dans ma vie, je vivais pour vivre tout simplement sans penser à l'avenir, sans penser aux conséquences de mes actes.

La fraternité qui me lie aux frères musulmans m'a poussé à devenir quelqu'un de bien, ce que j'essaie de devenir chaque jour pour construire un monde meilleur autour de moi.

Je suis convaincu que chacun est responsable de sa réussite, quel que soit l'environnement dans lequel il a grandi.

La vie peut être belle, quelle que soit la situation dans laquelle vous êtes, tout est une question d'état d'esprit.

La misère fait fleurir de belles choses et des valeurs nobles comme la détermination et la volonté de se battre pour réussir.

Comment des jeunes issus des cités ont-ils eu des carrières éclatantes juste parce qu'ils avaient la foi et la volonté de réussir ?

Comme le dit une chanson du célèbre rappeur Kery James « Banlieusard, on n'est pas condamné à l'échec ».

Si vous voulez réussir votre vie et que vous avez la volonté et le courage de vous en sortir, tout est possible, car tout est possible à celui qui croit.

Il ne faut pas tomber dans la tristesse ou dans la dépression après un événement malheureux.

Plus facile à dire qu'à faire évidemment, mais comme je le répète, le monde s'ouvre aux personnes qui ont du courage et la volonté de réussir.

Dieu aidera toujours celui qui se donne à cent pour cent, pour atteindre ses rêves, c'est une certitude.

La vie n'est pas faite que pour les riches, la vie offre ses trésors à tous ceux qui les souhaitent ardemment.

Ne te décourage jamais et s'il t'arrive de tomber alors relève-toi et recommence, jusqu'à ce que ça fonctionne.

Je parle de la richesse, car j'ai lu un nombre incroyable de livres à ce sujet, sans faire partie de cette classe je me permets de retransmettre mes connaissances, car je sais qu'elles seront utiles a beaucoup.

Le but de ma vie est de transmettre une bonne image de la religion musulmane et je le dis haut et fort, le musulman peut réussir sa vie aussi.

Dieu ne souhaite pas nous voir souffrir du manque, il souhaite que nous réussissions aussi.

Il nous demande de nous en remettre à lui quelles que soit les situations et c'est pour cela qu'il nous a transmis l'invocation afin de lui demander ce dont nous avons besoin.

Aujourd'hui, on constate dans la société que le pauvre est méprisé, on dit de lui qu'il est paresseux, mais il est peut-être dans une situation qui ne lui permet pas de s'enrichir.

Pour s'enrichir, il faut être en mesure de le faire, c'est-à-dire savoir faire du business ?

Or, ce n'est pas donné à tout le monde de savoir-faire cela, voilà pourquoi tant de personnes n'arrivent pas à s'enrichir convenablement.

Chapitre XXII
L'invocation : la clé du succès

Le croyant sait que tous ses faits et gestes, sa vie reposent sur la volonté de Dieu.

Il faut savoir que Dieu donne à qui il veut et il reprend à qui il veut. Dieu est là pour nous aider, il sait ce dont nous avons besoin mieux que nous même et il est le mieux placé pour nous apporter du soutien.

Le croyant s'en remet à Dieu et il l'invoque dans chacune de ses prières.

Dieu nous demande de s'en remettre à lui et non aux humains, car il est celui qui réalise le mieux les vœux de son serviteur.

Dieu est présent pour nous à chaque instant, il sait tout, il voit tout et il est celui qui comprend le mieux la création étant donné qu'il en est le créateur.

L'invocation, c'est le dialogue direct entre Dieu et son serviteur.

C'est une pratique essentielle de la religion musulmane.

Plus la personne va prendre l'habitude d'invoquer Dieu dans ses prières et plus elle aura de chance que son invocation soit exaucée, car

Dieu nous met à l'épreuve et attends de nous que l'on revienne à lui continuellement.

Le croyant soumet son être à Dieu et lui demande de l'aide et c'est cela que Dieu aime, que l'on se confie à lui.

La relation avec Dieu doit être saine et les demandes que l'on fait à Dieu doivent être répétées afin d'être réalisées.

Dieu aime les personnes endurantes et persévérantes et il n'hésite pas à exaucer leurs vœux si la demande est faite sincèrement.

Ce que Dieu aime ce sont les invocations sincères.

Il faut croire en Dieu et avoir la conviction qu'il réalisera vos souhaits si vous continuez à l'adorer.

Plusieurs prophètes ont invoqué Dieu lors de situations difficiles comme le cas de Jonas qui fut avalé par une baleine vivant et qui invoqua Dieu.

La baleine le recracha et il demeura intact et sa vie fut sauvée.

Je suis convaincu que Dieu réalise les invocations.

J'ai connu une maladie à une période de ma vie.

J'avais un kyste au lobe de l'oreille qui ne cessait de grossir ce qui me défigurait complètement.

J'étais obligé de mettre un pansement pour cacher cette extension de peau qui me faisait perdre toute confiance en moi.

J'ai prié et invoqué Dieu pour qu'il prenne en charge l'opération et me fasse rencontrer des médecins capables de me guérir.

Cela s'est réalisé alors que je n'avais pas de mutuelle.

On m'a pris en charge gratuitement et la guérison est arrivée sans que je ressente de grande douleur.

Je remercie Dieu tous les jours de voir guérir de cette tumeur bénigne qui me pourrissait la vie à chaque instant.

J'ai eu d'autres occasions de constater que mes invocations étaient réalisées.

Lorsque je demandais à Dieu de me trouver du travail, je priais et mon vœu se réalisait parfois la semaine qui suivait.

Je suis convaincu que Dieu est infiniment généreux avec toutes ses créatures.

Il donne sans compter à celui qui souhaite recevoir ses dons.

Si tu as des problèmes de santé, il te soigne, si tu as besoin de vêtements, il te vêtit.

La relation que j'ai avec Dieu est incroyable au point que je le considère comme un proche.

On peut penser que c'est folie de penser comme cela, mais ce que le croyant ressent après avoir prié est là pour en témoigner, pourtant cette sensation « d'après prière « n'est pas souvent évoquée lors des prêches de certains imams.

La sensation que l'on peut ressentir après avoir prié est fantastique, on ressent un bien-être à l'intérieur de soi et on est tout simplement apaisé.

On oublie tous les soucis, on est connecté avec Dieu et on se sent bien.

C'est une bonne chose de faire la prière, car ses bienfaits sont innombrables.

Le musulman est un être soumis à Dieu, lorsqu'il lève les bras pour faire l'invocation, il espère et croit que sa demande sera entendue de Dieu et qu'il aura une réponse.

Il a la crainte de Dieu, il ressent sa puissance ; c'est pour cela qu'il se prosterne, il se soumet à Dieu et reconnaît sa toute-puissance éternelle.

N'est-ce pas magnifique de savoir que Dieu peut prendre soin de toi, pour cela tu n'as qu'à prier et te soumettre à sa volonté ?

L'islam est vraiment une religion magnifique, il y a tellement de bien à pratiquer cette religion. La croyance musulmane est de dire par sa langue et de croire dans son cœur que nul ne mérite l'adoration sauf Allah.

À partir du moment où tu crois en cela, tu deviens musulman et il est un devoir pour toi de pratiquer la religion.

On imagine souvent que la religion est une série de contraintes, mais il n'en est rien.

La religion est plutôt une série de bienfaits pour l'homme ou la femme qui la pratique correctement.

À travers la lecture du Coran, on découvre des informations qui nous changent dans le bien et qui nous font évoluer positivement.

La vie du croyant est remplie d'épreuves en tout genre, mais s'il sait les surmonter en patientant dans la prière alors c'est une récompense énorme qui lui est promise.

L'invocation c'est le lien direct entre Dieu et sa créature. Il faut invoquer Dieu un maximum pour guérir des épreuves qui peuvent nous toucher au quotidien.

Si vous chercher le bien dans votre vie et la baraka, invoquer Dieu constamment est la meilleure chose à faire.

Dieu nous demande de l'invoquer, car il veut nous récompenser.

Il faut avoir confiance en Dieu et se dire qu'il souhaite que notre bien. C'est de cette manière que l'effort pour l'invocation viendra naturellement en nous-mêmes et que l'on fera beaucoup d'invocations.

Une bonne invocation à réciter est « Il n'y a de force et de puissance qu'en Allah » (la hawla wa la quawata ila bilah).
Le fait de réciter cette invocation apporte de la chance et du succès.
Le succès peut venir tôt comme tard, mais une chose est sûre, si cette invocation est récitée régulièrement, la chance sera présente.

Les musulmans invoquent donc Dieu constamment, car ils reposent leur vie sur Dieu.

Dieu est le meilleur des stratèges en ce qui concerne la vie donc qui de mieux que Dieu pour organiser ta vie.

Il faut donc lui confier ses affaires et il se chargera de les faire fructifier. C'est aussi simple que cela.

Il faut avoir confiance en Dieu et lui donner sa vie pour ressentir la joie intérieure, la paix intérieure et l'amour.

Invoquer Dieu constamment c'est l'assurance de réussir sa vie à 100 % et cela, peut importe la situation dans laquelle l'on se trouve.

Faire confiance à Dieu c'est aussi réclamer son pardon c'est communiquer avec lui, c'est se rapprocher de lui.

C'est la confiance alors qui prendra place dans ton quotidien et la paix.

Si la confiance en Dieu entre dans ta vie alors la confiance en toi entre aussi dans ta vie et à ce moment tous tes rêves peuvent se réaliser.

Il ne faut en aucun cas sous-estimer la puissance de Dieu.

Il faut toujours espérer, mon frère, ma sœur et ne te décourage jamais quel que soit le projet que tu entreprends dans la vie.

On ne le dit jamais assez, mais c'est essentiel.

Il faut lever les bras au ciel et ne pas hésiter à invoquer Allah, car c'est celui qui connaît tous les trésors de l'inconnaissable.

L'invocation est la clé du succès et en la pratiquant régulièrement, tu ressentiras du changement dans ta vie.

Dieu est là pour nous aider, il ne souhaite pas nous punir, s'il nous punit c'est que nous n'avons pas respecté ses ordres.

Dans la vie, il y a des règles et il faut les respecter.

Si vous allez à votre travail et que vous ne respectez pas les règles de l'entreprise, vous serez automatiquement sanctionné.

Cela fonctionne de cette façon aussi dans la vie, Dieu est le maître et si on ne respecte pas les règles du maître et bien on est sanctionné et cela peut être une sanction très sévère.

Le châtiment de Dieu est sans appel et sans pitié, il est exécuté avec justice et toujours. Certains appellent cela « le karma ».

Chapitre XXIII
Nous n'aurons que ce que nous méritons

Nous n'aurons que le résultat de nos efforts.

Celui qui se donne chaque jour à cent pour cent pour son seigneur mérite-t-il la même récompense que celui qui ignore son seigneur ?

Dans la vie, nous n'avons que ce que nous méritons et cela est valable pour tout le monde.

Celui qui sème le bien récoltera le bien et celui qui sème le mal récoltera le mal.

Le croyant qui fait des efforts sur le chemin de Dieu aura la récompense promise par Dieu dans le Coran.

La récompense ultime c'est bien évidemment le paradis éternel.

Le musulman se doit donc de persévérer dans l'adoration afin d'obtenir des récompenses.

Plus il fera de prières et d'invocations et plus son quotidien s'améliorera.

Peu importe les épreuves que tu puisses traverser, sache que Dieu te récompensera un jour ou l'autre pour le bien que tu auras fait dans cette vie.

Il ne faut jamais désespérer de la miséricorde l'Allah.

Allah est le plus juste et si tu as fait une aumône dans le but de lui plaire sache qu'il te multipliera cette aumône.

Dans la croyance musulmane, nous disons que toutes nos actions sont notées et que nous serons jugés au jour du jugement dernier par rapport à celle-ci.

Le croyant s'efforce donc de pratiquer le bien dans son quotidien dans l'espoir de récolter un jour le fruit de ses efforts.

Il faut donc toujours espérer que Dieu pourra améliorer notre situation, nous devons être patients et nous dire qu'un jour la roue va tourner.

Mon frère, ma sœur, ne soit pas triste.

Sache que Dieu est avec nous chaque jour de notre existence et qu'il veut notre bien avant tout, car nous sommes ses créatures bien aimées.

Les efforts c'est ce qui fait avancer dans la vie et plus tu feras d'efforts pour la vie sera simple pour toi.

La vie est un combat, seuls ceux qui arrivent à travailler sur eux et dans leur vie réussiront.

On doit travailler tout d'abord sur notre foi en s'efforçant de faire nos prières à l'heure puis on doit travailler notre relation avec Dieu et avec le monde qui nous entoure.

La foi peut fluctuer à certains moments, elle peut être haute comme elle peut être basse, mais ce qui compte c'est de persévérer dans l'adoration.

La persévérance dans ses actions est la base de tout.

En effet, nous sommes le fruit de nos habitudes et ce sont celles-ci qui nous font avancer comme reculer.

Il faut avoir de bonnes habitudes et la religion musulmane nous offre la chance de pouvoir avoir une bonne hygiène de vie notamment lors de la purification.

Faire ses ablutions offre un état de propreté constant et cela est possible parce qu'il y a plusieurs prières dans la journée donc autant de façon de se purifier.

Les ablutions sont un bienfait divin, car cela nous offre la possibilité d'être propre tout au long de la journée et prêt-à-adorer Dieu.

Ce que j'aime par-dessus tout dans la religion musulmane, c'est qu'elle purifie la personne.

Prier purifie le cœur et l'âme et après avoir fait cet acte d'adoration on se sent mieux.

Point de difficulté dans la religion.
Tout ce que Dieu nous a donné à travers le Coran est là pour nous aider et pour que nous avancions par le chemin droit.

« Ô, Seigneur, guide-nous vers le droit chemin, le chemin de ceux que tu as comblés de faveurs, pas de ceux qui ont encouru ta colère ni des égarés » : Cette parole issue de la sourate Al fatiha nous prouve que le Coran va dans le sens du progrès.

Cette parole citée dans toutes les prières par le croyant nous montre que nous sommes soumis à Dieu et que nous espérons sa miséricorde pour pouvoir vivre dans le droit chemin.

Le fait de faire la prière est une bonne chose, car tout ce que Dieu nous demande de faire et que nous faisons nous apportera bonheur et récompense.

On ne voit pas Dieu, mais quelle réjouissance de ressentir sa présence dans nos vies, une présence rassurante et aimante.

Quel plaisir de se sentir aimé de Dieu et de savoir qu'on est sur le bon chemin, car on fait toutes ses prières à l'heure !

Persévérons dans notre religion, soyons des acteurs de la paix et de la bonne entente entre les peuples.

Ne nous jugeons pas les uns les autres, soyons des êtres de joie, d'amour et de lumière et propageons la paix autour de nous.

Dieu nous demande simplement cela.

Si nous faisons confiance à Dieu, nous serons inévitablement heureux sur terre.
La promesse de Dieu est vérité.

La parole de Dieu est vérité.

Sur le chemin de Dieu, vous n'obtiendrez que ce que vous méritez, Dieu est là pour nous permettre d'améliorer nos vies, il n'est pas notre ennemi sauf si on ne respecte pas ses règles.

Dieu a créé la vie pour que nous soyons testés sur qui sera le meilleur en actions, mais il souhaite aussi plus que tout nous récompenser.

Il faut aimer Dieu, lui faire confiance et le laisser gérer nos vies.

Notre seul travail est de rester sur le chemin de la piété et s'il nous arrive de chuter en commettant de péchés, il faut demander pardon à Dieu et recommencer à avancer sur le chemin de Dieu.

Le mérite existe bel et bien. Ne désespère jamais, un jour toute chose reprend sa place et celui qui est détesté peut être aimé de tous du jour au lendemain si Dieu le décide.

J'ai une confiance totale en mon créateur, je m'en remets à lui tout le temps pour toutes mes affaires et je sais que même s'il me fait vivre des situations difficiles c'est qu'il a un bienfait au bout.

Une sœur m'a dit un jour une phrase que je trouve vraie « Avec Allah zéro défaite » et avec mon expérience de la religion musulmane je peux dire que cela est vrai.

Je donne ma confiance à Dieu et je le laisse agir, je sais qu'il répondra à mes prières donc tout ce que j'ai à faire c'est de persévérer dans le bien et patienter.

La réponse de Dieu arrive toujours inévitablement.

Nous aurons ce que nous méritons dans la vie, car Dieu et juste.

Les riches seront jugés de ce qu'ils ont fait de leur argent.

Personne n'est protégé de la justice divine et même si ce monde en apparence appartient aux gens fortunés, la réalité est que ce n'est pas le cas. La réussite d'une personne dépend tout simplement de son degré de piété à l'égard de Allah.

Le prophète Muhammad (saws) était le plus honnête des hommes et ça ne l'a pas empêché d'être un exemple de réussite pour toute une communauté.

Il a fait grandir la religion de l'islam à travers le monde grâce à ses valeurs et nous devons prendre exemple sur la vie qui est l'exemple de vie le plus réussi de la planète.

Ne pensez pas que vous serez heureux si vous ne faites pas un minimum de travail sur vous-même.

Il faut beaucoup prier et faire beaucoup d'invocation ainsi qu'avoir un bon comportement envers les créatures de Dieu.

C'est cela qui vous permettra d'obtenir la baraka de Dieu et quand vous l'obtenez alors vous vivez comme dans un nuage, avec la certitude d'avoir la protection divine.

Mais pour cela vous devez ne pas commettre de péchés, car ceux-ci nous emmènent dans la voie des ténèbres.

Chapitre XXIV
Les péchés détruisent la relation avec Dieu

Dieu nous demande de pratiquer la religion en essayant de ne pas commettre de péchés.

En effet ceux-ci noircissent le cœur qui est le maître des organes.

Une vie pleine de péchés fait diminuer la foi, vous fait perdre confiance en vous et vous fait sentir mal dans votre peau.

C'est pour cette raison qu'il faut absolument les éviter.

Un des péchés les plus répandus et qui met les gens en difficulté est la relation sexuelle hors mariage.

Dieu nous demande de nous marier si nous voulons pratiquer la sexualité dans un cadre sain.

Si on transgresse cette règle et que l'on a des relations sexuelles hors mariage, on met sa vie, sa santé et ses finances en péril.

Je m'explique, entre un homme et une femme, la relation sexuelle a pour but le plaisir et la procréation, mais cette relation doit être faite dans l'amour et par reconnaissance envers le créateur.
Chaque acte dans la vie du croyant doit nous rappeler Dieu pour obtenir la fameuse baraka, c'est-à-dire la récompense divine.

Comme je l'ai déjà énoncé, Dieu aime récompenser son serviteur et c'est d'ailleurs pour cette raison qu'il l'a créé.

En résumé nous n'avons pas le choix nous être humain pour connaître le bonheur sur terre nous devons solliciter la baraka divine, car elle nous permet de vivre en paix.

Cette baraka, Dieu seul peut nous la donner et pour l'obtenir nous devons pratiquer les actes d'adoration avec persévérance.

Il y a l'histoire de ce prophète qui avait des terres et beaucoup d'enfants et de richesses et Dieu l'a éprouvé afin de tester sa foi.

En effet, du jour au lendemain, un incendie a détruit toutes ses richesses ainsi que ses enfants et il s'est retrouvé sans domicile fixe et malade.

Seule sa femme le soutenait pendant cette épreuve terrible qui dura plusieurs années, mais ce prophète patienta et continuait d'être confiant en son créateur.

Au bout du compte, sa patience fut récompensée et après un délai, Dieu lui redonna le double de tout ce qui l'avait perdu.

Pendant sa période de disette, tous ses amis lui tournèrent le dos, seule sa femme le soutenait et travaillait de petits boulots pour le nourrir, car il était tombé gravement malade.

Ses connaissances et amis proches l'avaient tous abandonné, mais lui avait gardé sa foi intacte et sa foi augmenta durant cette épreuve.

Parfois, on peut vivre des situations très difficiles, mais il faut toujours placer sa confiance en Dieu, car c'est cela la clé de la religion.

Ô toi, mon frère, ma sœur, redouble d'invocations durant les difficultés et patiente, la délivrance est proche.

Ne désespère pas en commettant des péchés qui t'éloigneront de la baraka de ton créateur. Patiente et continue à prier, quelles que soient les circonstances.

S'il t'arrive de commettre un péché, demande pardon à ton créateur avec un repentir sincère et sois sûr que Dieu te pardonnera si tu n'as pas l'intention de recommencer.

Dieu pardonne tous les péchés, sache-le, il faut craindre Dieu, mais il faut savoir que sa miséricorde dépasse de loin sa colère donc si tu es sincère dans ta démarche, Dieu te pardonnera.

On peut tous réussir sur le chemin de Dieu, il suffit d'en avoir la volonté.

Dieu ne demande qu'à ce qu'on est une bonne relation avec lui, car il nous aime.

Mais pour Dieu, le respect des règles de la vie passe avant tout autre chose et c'est normal.

C'est lui qui est le juge et le créateur et il sait mieux que nous ce qui est bon pour l'humanité.

De nos jours, l'humanité est plongée dans les guerres et les conflits, dans les relations sexuelles hors mariage et dans une atmosphère démoniaque.

On a laissé le diable prendre le pouvoir, car notre spiritualité n'est pas assez puissante.

Nous devons donc travailler à améliorer notre relation avec Dieu et tout faire pour ne pas commettre de péchés, car les péchés amènent des regrets.

Mon frère, ma sœur, tu dois placer ta confiance en Dieu dans chacune de tes affaires.

Tu passes un examen ?
Demande à Dieu de t'accorder la réussite.

Tu veux réussir ta vie ?

Demande à Dieu de t'accorder la réussite dans tes entreprises.

Lis le Coran, écoute des rappels sur YouTube, apprends et évolue.

C'est cela que Dieu nous demande et si tout le monde pratique la religion de cette façon, le monde évoluera vers le meilleur, car Dieu récompense le peuple qui fait des efforts pour lui et il châtie le peuple qui le néglige et l'oubli.

Il faut toujours persévérer dans l'adoration et te dire que demain sera un jour meilleur.

Tout est une histoire de volonté alors mon frère, ma sœur, si la situation que tu vis est difficile, sache que si tu places ta confiance en ton créateur et que tu continues de l'invoquer tu seras libéré.

Le démon nous pousse à commettre des actes honteux, mais avec Dieu c'est l'honneur et le succès qui nous attendent.

Je t'assure que ça en vaut la peine donc ne relâche pas tes efforts, tu sais que tu es quelqu'un de bien, une vie pleine de péchés n'est pas une bonne vie et je sais que nous en commettons tous.

L'homme a été créé pécheur, c'est sa nature, mais le but de la vie est de dépasser cette nature pécheresse pour être libre.

Le péché nous emprisonne et nous empoisonne.

Si tu veux t'en sortir, la solution c'est de prier et de demander à Allah de te libérer de ce péché que tu aimerais tant délaisser.

C'est un combat contre toi même que tu entreprends et tu vas gagner ce combat (jihad el nafs).

Avec un peu de bonne volonté, on peut déplacer des montagnes.

Dieu veut nous voir victorieux, car il nous a créés pour le succès.

Il veut que nous réussissions dans ce bas monde et veut nous accorder le paradis éternel.

Quelle générosité mashallah !

Ça te fait peut-être bizarre de l'entendre, car les imams en parlent peu dans leur prêche, mais c'est la réalité.

Dans le Coran, il nous explique ce que nous devons faire pour réussir.

La solution est la plus simple du monde, il faut tout simplement l'adorer avec sincérité et l'aimer et de ce fait l'amour entre lui et toi grandira et tu construiras une histoire d'adoration envers ton créateur.

Cela te fera plaisir et tu ressentiras le bonheur d'adorer ton créateur, et quelle sensation merveilleuse.

Si tu n'es pas encore musulman sache que tu peux le devenir, il suffit de réciter la Chaada ; l'attestation de foi : « Il n'y a qu'un seul Dieu et Muhammad est le messager de Dieu »

Ensuite, il te suffira d'apprendre la religion et la prière en particulier.

La religion c'est facile quand on l'aime et la respecte.

Dieu existe oui c'est une réalité et ce monde dans lequel nous vivons est une manifestation de sa toute-puissance. Dieu veut nous amener sur son chemin qui est le chemin parfait pour l'homme, l'Islam.

Chapitre XXV
L'Islam : quelle religion merveilleuse !

Comme de nombreux croyants, je suis tombé amoureux de la religion musulmane.

Cette religion c'est la pureté, c'est l'amour, c'est la paix.

Quand je vois des personnes critiquer la religion, je ne cesse de penser qu'il ne la connaisse pas.

L'Islam a banni le racisme, la méchanceté, la médiocrité, le déshonneur.

Cette religion, Dieu nous l'a donnée pour que nous ressentions le bonheur, mais aujourd'hui la religion est incomprise par bon nombre de personnes, car elle est peu étudiée.

À l'école, en France on nous parle beaucoup du prophète, mais on ne rentre pas toujours en détail sur les bases de la religion.

Ce qu'il faut savoir que ce qui est essentiel dans la religion, c'est avant tout la croyance en Allah et en son messager.

La croyance musulmane est un des cinq piliers de la religion.
Le prophète Muhammad a enseigné la science de la croyance pendant 13 années avant de parler des autres aspects de la religion.

C'est dire l'importance de cette science.

La croyance quand elle est bien apprise (at tawhid) est une base solide qui permet à la personne de bien comprendre la religion.

Si tu veux maîtriser la religion, apprendre cette science est incontournable.

Cette science englobe les attributs et noms de Dieu, les attributs des prophètes et les piliers de la foi.

Maîtriser cette science est déjà un gage de réussite dans sa vie religieuse.

Nous avons besoin de la religion pour vivre, nous sentir bien et être épanouis.

L'islam est une religion noble et magnifique qui nous pousse à pratiquer le bien, à prier et à nous marier.

Nous serons jugés par Dieu sur nos pratiques religieuses et c'est pour cela que nous devons pratiquer pendant que nous sommes en vie.

Après la mort, il sera impossible de revenir en arrière pour accomplir de bonnes œuvres alors c'est maintenant que nous devons nous entraîner à faire le bien.

La religion est en soi une chose merveilleuse, car elle permet à l'être humain de s'améliorer.

Chaque jour, tu dois te demander ce que tu peux faire pour devenir quelqu'un de meilleur et cela commence par le fait d'avoir un bon comportement envers ses parents, sa famille, ses amis, ses collègues, ses voisins, etc.

La religion anoblit le caractère et fait disparaître la vulgarité de la vie du croyant à mesure qu'il pratique les actes d'adoration.

Pratiquer la religion, c'est l'assurance de progresser correctement dans la vie, car les prières éloignent des mauvaises choses et du diable.

Le diable nous pousse à commettre des actes mauvais, car il souhaite nous amener en enfer avec lui, c'est notre pire ennemi.

Pour le chasser de sa vie, une seule solution : pratiquer assidûment la religion et faire ses prières.

La prière repousse les démons et assure un bon état d'esprit.

Mon frère, ma sœur, tu dois donc mettre priorité dans ta vie à tes prières, car elles sont ta meilleure protection contre le mal.

La religion a pour objectif de nous emmener au paradis, elle veut nous rendre riche donc ce qui nous attend c'est grandiose.

Imagine-toi un monde parfait ou la souffrance, la maladie, les douleurs n'existent pas.

Imagine-toi un monde de beauté et de richesses infinies.

Au paradis, c'est le plaisir et la félicité éternelle alors je pense que le choix le plus intelligent est de faire ce que Dieu nous demande pour pouvoir y accéder.

Dieu veut nous accueillir dans son vaste paradis, mais l'âme doit être pure pour pouvoir y accéder.

C'est pour cela que le croyant prie en permanence.

L'âme se doit d'être prête à ce qu'elle va vivre et une âme qui ne prie pas ne peut pas accéder à cet endroit fantastique.

Le paradis est l'endroit que personne n'a jamais vu de son propre œil ni n'a jamais entendu de sa propre oreille.

C'est un endroit de félicité et de plaisir absolu.

Les hommes et femmes auront simplement tout ce qu'ils désirent et plus encore, en gros tout le monde sera riche au paradis.

Celui qui aura le moins au paradis aura l'équivalent de ce monde et tout ce qu'il contient.

Ce sera une expérience surnaturelle, fantastique et merveilleuse.

Dieu veut nous rendre riches, je ne sais pas si vous imaginez la puissance de sa bonté, il souhaite que nous vivions dans un bonheur éternel et ce qu'il nous demande ici-bas c'est simplement de prier et faire de bonnes actions.

Le paradis est donc facile d'accès, mais il y a un chemin pour y parvenir et ce chemin c'est la piété.

Le chemin du péché est le chemin de la déchéance et de la malchance alors que le chemin de la chasteté et de la piété est semé de bienfaits.

Pour accéder à ses bienfaits, le croyant doit donc faire un grand effort sur son âme pour ne pas succomber aux tentations.

Là est la clé de la piété : se retenir de sombrer dans la tentation, notamment les relations sexuelles hors mariage.

De nos jours, les relations sexuelles hors mariage sont répandues avec la facilité des échanges entre hommes et femmes, la mixité et le fait de vivre dans des sociétés où la chasteté n'est pas valorisée.

Cela crée beaucoup de problèmes.

Les gens finissent le cœur brisé et ont peur de s'engager sérieusement dans une relation par la suite, car les relations sexuelles hors mariage n'apporteront jamais la satisfaction d'une relation dans le hallal basée sur la confiance, la fidélité et la loyauté envers Allah et envers son partenaire.

Le fait de vivre dans le péché fait que la personne se sent mal et a du mal à vivre correctement, car elle ressent un sentiment de culpabilité due à son péché.

Ce sentiment de culpabilité s'accroît à mesure que le croyant continue à persévérer dans le péché.

C'est pour cela que le croyant doit faire un effort sur lui-même, car point de bonheur véritable dans une vie de pêcheur.

La religion est disponible pour apprendre à nous contrôler, à contrôler nos pensées, nos actions et elle nous permet aussi de faire un effort sur nous-mêmes.

Allah, le tout miséricordieux pardonne tous les péchés sauf l'association (shirk) et il nous permet de nous sentir bien dans la vie à travers la science.

Le bonheur est à portée de main pour celui qui donnera sa confiance en son créateur, le sublime, l'unique.

Le bonheur n'est pas qu'une question de possession matérielle, c'est avant tout une histoire d'état d'esprit donc il faut croire que tout le monde peut être heureux s'il le souhaite vraiment.

La prière permet déjà d'accéder au bonheur si elle est pratiquée de manière assidue.

La prière était la chose la plus aimée du prophète (saws) et si tel était le cas ce n'est pas pour rien, car la prière soigne de tous les maux de l'âme.

Si tu ressens de la tristesse dans ton cœur et que tu ne sais pas vers qui te tourner, tourne-toi vers Allah avec un cœur repentant.

Il mettra la joie et la douceur dans ton âme et dans ton cœur et tu seras heureux sans rien.

La religion permet d'avoir des valeurs, de l'humilité et de la pudeur.

Si aujourd'hui nous sommes dans une société de débauche où drogue et sexe sont disponibles partout c'est parce que les gens ne veulent plus se tourner vers Dieu.

Dans le chemin de Dieu, c'est une paix intérieure constante et durable qui vous attend.

Mash Allah.

Le paradis, c'est à portée de main à qui le souhaite.

Le paradis est accessible pour celui qui respectera les paroles d'Allah.

J'aime tellement ma religion.

Elle m'a sauvé du vice et de la perversion et je suis heureux de pouvoir vous en parler aujourd'hui, car j'en suis très fier.

Être marié, avoir des enfants, de l'argent, un toit et à manger voilà ce que souhaite la plupart des humains, mais on peut avoir tout cela et être malheureux si on n'a pas la baraka d'Allah.

On peut tout avoir si on donne sa vie à Dieu, car c'est à Dieu qu'appartiennent tous les trésors de cette vie.

Pour obtenir plus de Dieu, il faut donc invoquer Dieu sans cesse jusqu'à ce que votre demande soit acceptée.

Dieu aime les gens patients et endurants.

Dieu a le pouvoir de nous enrichir, mais il souhaite que nous nous battions pour obtenir ce que l'on souhaite.

Nous devons faire les causes de notre bonheur c'est-à-dire que nous devons chercher à réussir par tous les moyens.

Si tu souhaites obtenir tout ce que tu souhaites, tu dois faire les efforts nécessaires pour l'obtenir et dans le même temps, placer ta confiance en Dieu.

Dans ce monde, nous n'avons rien sans rien et nous serons récompensés en fonction de nos actes.

Tel est l'énigme de la vie, ce sont nos actes qui nous font avancer ou reculer donc il faut être conscient de ce que l'on fait au quotidien.

Chapitre XXVI
Le mariage : porte d'entrée vers le bonheur sur terre

L'islam est la religion qui souhaite marier ses adeptes pour qu'ils puissent assouvir leurs besoins sexuels et sentimentaux dans un cadre légal.

En effet et comme je l'expliquais, au chapitre précédent, les relations hors mariages ne sont pas aimées et acceptées de Dieu, car elles détruisent la famille.

Enfants non désirés, MST incongrues, familles séparées et autres problèmes découlent de la relation sexuelle hors mariage.

C'est pour cela que Dieu nous a donné le mariage qui est l'union de l'homme et de la femme dans un cadre légal afin de protéger les familles.

Je peux constater aujourd'hui que beaucoup de célibataires ont du mal à se marier.

Les familles ont des critères basés sur la nationalité, la beauté ou la richesse alors qu'elles devraient regarder la piété de la personne pour prendre leur décision.

Cette situation fait qu'il y a de plus en plus de célibataires dans la communauté, ce qui les pousse à avoir des relations sexuelles en dehors du cadre du mariage et de ce fait commettre des péchés.

Les croyants doivent aider le célibataire qui souhaite trouver l'âme sœur, car si ce travail n'est pas fait alors cela causera un grand trouble dans la communauté.

Il y a l'exemple de cette jeune femme pieuse obligée d'accepter que son fiancé s'adonne à la fornication pour qu'il puisse satisfaire ses envies et elle restant dans la situation de souffrance, car elle ne souhaitait pas le perdre.

On constate que ce fléau du célibat touche tout le monde et on peut voir beaucoup de femmes comme d'hommes qui, arrivés à un âge avancé, rencontrent des difficultés à se marier et restent seuls.

Il faut absolument régler cette situation urgente, car la communauté musulmane s'affaiblit petit à petit, car le mariage est le socle de la religion.

Il faut absolument que les prêches des imams poussent les jeunes femmes à se marier et qu'elles n'aient pas des exigences et des critères trop élevés, car l'opportunité de se marier ne se présente pas tous les jours à la porte.

Une fois que tu as réussi à te stabiliser à avoir un logement alors fait les démarches pour trouver une femme.

C'est très important.

Ton bonheur sur terre en dépend et comme dis la citation le mariage c'est la moitié de la religion.

La vie du célibataire est faite de tristesse, car vous manquez d'amour et de joie, vous aurez tendance à commettre plus de péchés.

Il ne faut pas que vous laissiez vos enfants dans le flou, car ils ne sauront pas comment choisir leur partenaire et se jetteront dans des relations hors mariages qui les détruiront.

Il est vrai que l'invocation peut résoudre ce problème, car c'est le cas, mais il faut faire les causes de son succès.

Tout le monde doit se sentir concerné que l'on soit marié ou non.

Parfois des frères et sœurs s'oublient une fois qu'ils se marient, ce n'est pas logique.

On entend parfois des célibataires qui sont satisfaits de cette situation, mais cette situation est minoritaire. La majorité des célibataires musulmans le vivent mal, voire très mal, car la pression sociale qui pousse à se marier le plus rapidement possible les agresse.

Il faut que tout le monde prenne conscience de cela c'est un sujet majeur actuellement.

C'est même un sujet central.

Il faut aider les célibataires à se marier et en particulier les convertis qui ne bénéficient pas toujours d'un réseau leur permettant de réaliser leurs envies.

Le mariage est censé être simple et pour le réussir il faut mettre toutes les chances de son côté. Il ne faut pas que les mariés mettent à l'écart les célibataires musulmans, tout le monde a le droit d'avoir sa place dans la communauté.

La couleur de peau et l'origine peuvent être des préférences, mais elles ne doivent pas pousser les familles à boycotter un prétendant convenable et pieux.

L'homme pieux doit toujours être privilégié en ce qui concerne la demande de la main de la femme, car c'est la religion qui prédomine dans le bon fonctionnement du couple.

Aujourd'hui, c'est plutôt le montant de la dot qui est privilégié, mais c'est une dérive selon moi.

Le montant de la dot doit être anecdotique. Ce qui compte c'est que les deux partenaires partagent la même passion pour l'étude des sciences religieuses et l'envie commune de fonder une famille.

Il faut revenir à plus de simplicité pour lutter contre le fléau du célibat et trouver des solutions pour améliorer la situation des jeunes et moins jeunes.

C'est de l'avenir des musulmans dont il est question.

Aujourd'hui, les relations devenant trop difficiles, certaines femmes musulmanes n'hésitent plus à se marier avec des non musulmans.

On ne leur jette pas la pierre ; mais parfois ont-elles le choix ?

Elles ne veulent pas finir seules, c'est compréhensible, mais cela met leur religion en péril, car une femme musulmane doit se marier à un musulman normalement.

Le mariage en islam ne doit-il pas être une institution magnifique ?

Mais on constate que de nos jours beaucoup de gens peinent à accomplir ce qui est un droit naturel.

Le mariage devrait être facilité au maximum et les couples souhaitant se marier dans le hallal devraient être soutenus au maximum.

Pourquoi ne pas organiser des cagnottes mises en place par la communauté musulmane pour les jeunes mariés ou pour les jeunes ou moins jeunes qui souhaitent se marier ?

Cela faciliterait les démarches.

Ce livre n'a pas pour objectif de critiquer qui que ce soit.

Il est surtout là pour faire un constat de l'état actuel.

Le prophète (saws) insistait sur les valeurs de générosité de la communauté, il appelait les musulmans à faire la zakat et à nourrir le pauvre.

Bien entendu, de nombreuses maraudes sont organisées par la communauté musulmane et les autres communautés.

Des milliers de personnes dans le besoin ont pu bénéficier de ces aides et cela est à souligner.
L'entraide doit être une norme dans la communauté musulmane, et ce dans tous les domaines.

Cela est peut-être utopique, mais le prophète a réussi à unir des milliards de musulmans à travers le monde.

Tout est donc possible.

Un travail doit être fait pour éradiquer la pauvreté en France.

Ce livre est aussi là pour montrer que tout est possible à celui qui croit.

Chapitre XXVII
La lutte contre la misère

En France, force est de constater qu'il y a 3 millions de pauvres qui survivent chaque jour certains avec le Revenu de solidarité active.

Quand parfois je marche dans les rues de Paris et je vois des hommes, des femmes, parfois même des enfants faire la manche.

La situation est dramatique bien que la France fait partie des pays au monde luttant le mieux contre la pauvreté avec son système de redistribution.

La pauvreté gagne donc du terrain partout dans le monde. Pour cause, les salaires qui n'augmentent pas suffisamment et l'inflation qui se généralise.

Parfois, des familles vivent avec des fins de mois difficiles et ont du mal à se nourrir correctement, cette situation doit être réglée notamment avec la multiplication de l'entraide et de la solidarité dans la communauté musulmane.

La zakat doit être prélevée dans les mosquées et redistribuée aux familles qui ne dépassent pas un certain seuil de revenus.

Dans un pays développé comme la France, tout le monde devrait pouvoir se nourrir correctement.

Il est nécessaire de réduire les inégalités dans le monde, car elles sont génératrices d'injustices et de souffrances partout dans le monde.

La générosité doit être naturelle chez le croyant et c'est d'ailleurs le cas, car on se rend compte que dans les pays les plus pauvres comme en Afrique, la générosité est naturelle.

Cela devrait être la même chose en Europe et partout dans le monde. Il faut absolument améliorer les conditions de vie des plus pauvres pour plus de justice sociale.

En ce qui concerne le logement, tout le monde devrait avoir le droit d'avoir un toit.

Personne ne devrait vivre dans la rue, car c'est tout simplement inhumain.

L'État doit s'occuper de reloger chaque sans-abri un par un et lui accorder un délai pour qu'il puisse se prendre en charge.

Il ne faut pas négliger la misère dans ce monde, il ne faut pas penser qu'il soit normal qu'il y ait des pauvres, car plus un peuple s'enrichit et prospère et plus les gens sont heureux.

Parfois, des enfants et femmes vivent dehors et sont sujets aux agressions et autres problèmes, il faut éradiquer cela, c'est essentiel, il en va de la survie de l'humanité.

Il faut que les entreprises embauchent et que l'activité du pays se développe un maximum pour que tout le monde puisse bénéficier de la richesse du pays.

Quand vous êtes pauvre, vous ne pouvez pas sortir, vous ne pouvez pas voyager, manger correctement, vous habiller correctement, en bref tout est plus difficile et la vie se transforme en enfer.

Personne ne mérite de vivre cette expérience, car Dieu nous a créés pour que nous partagions nos richesses.

Certains pays du golfe appliquent ce modèle de redistribution comme au Qatar ou chacun a le droit d'avoir un logement et un revenu même s'il ne travaille pas.

C'est en cela que le revenu universel proposé par certains hommes politiques est intéressant, car il lutte efficacement contre la misère.

Tout le monde n'est pas capable d'aller travailler donc chacun devrait pouvoir bénéficier d'une vie digne.

Sur le chemin de Dieu, le croyant doit penser à ses frères et sœurs en humanité et doit se dire qu'il peut lui-même se retrouver dans une situation misérable, pour s'en protéger auprès de Dieu il doit faire beaucoup d'invocations certes, mais il doit aussi donner aux pauvres et soutenir les gens dans le besoin.

La zakat est un pilier de l'islam et c'est le plus efficace pour stopper la pauvreté dans le monde.

S'il y a beaucoup de misère dans le monde, c'est à cause de l'avarice, des crédits mis en place (riba) et de la thésaurisation à outrance.

La misère est un fléau et avec la participation de chacun elle peut être éradiquée.

On ne doit pas penser que l'on ne peut rien y faire et que c'est la vie qui est injuste, car en réalité ce n'est pas le cas, l'humanité est responsable de son histoire et si elle a la volonté de s'enrichir elle le peut.

Tout est possible à celui qui croit.

Dieu souhaite que nous avancions vers le progrès à chaque instant, mais pour cela il faut le vouloir.

En effet, l'être humain a été créé avec le libre arbitre et il est responsable de ses choix.

Nous pouvons tous aller vers un monde meilleur si nous le voulons vraiment.

N'en avez-vous pas marre de voir des situations dramatiques au quotidien dans le journal télévisé ?

Chaque personne doit prendre conscience que l'entraide est nécessaire au bon fonctionnement d'une société.

Si tu vois quelqu'un qui a faim, nourris-le, si tu vois quelqu'un qui souffre apaise sa peine.

Il n'y a qu'avec cette mentalité que les choses changeront et évolueront dans le bon sens.

La pauvreté ne doit pas être une fatalité et comme je le répète elle peut être combattue et elle doit être combattue.

Pour qu'un pays soit bien développé, il faut que sa population ait un niveau de vie convenable, tout le monde devrait avoir le droit au logement et le droit de se nourrir.

Pour pratiquer la religion correctement il ne faut pas vivre dans la misère, la souffrance empêche de pratiquer correctement, il faut pouvoir bénéficier de l'eau potable pour faire ses ablutions, il faut avoir un lit pour pouvoir récupérer correctement…

Le niveau de vie doit être correct pour pouvoir adorer Dieu convenablement.

La misère est devenue chose repoussante, les pauvres sont maltraités et rabaissés dans la société alors qu'ils ont besoin d'aide et de soutien, il ne faut pas les juger, car on ne sait pas comment ils sont arrivés dans cette situation et comme je le répète cela peut arriver à tout le monde.

Des prophètes ont été éprouvés par la misère, cela est une preuve que cela peut arriver à tout le monde, imaginez-vous le meilleur des hommes, éprouvé par la misère !

Cela est facilement vérifiable.

Il faut comprendre que nous sommes tous liés.

L'humanité est une grande famille et une famille, on en prend soin, on ne la détruit pas, on ne la néglige pas.

Quand tu as les moyens, remercie Dieu de t'avoir accordé cette vie et prie pour ceux qui sont dans le besoin.

Essaie de lutter à ta façon contre la pauvreté si ce n'est pas financièrement ou en aidant des associations fais-le en invoquant Dieu pour qu'il leur vienne en aide.

La lutte contre la misère doit être un projet commun, cela doit être ancré dans les mentalités.

Un monde meilleur est possible si tout le monde prend conscience que la pauvreté et la misère doivent être éradiquées.

L'état doit redoubler d'efforts afin de prendre ce problème à bras le corps et surtout en ce qui concerne les soucis de logements.

Parfois je vois des sans domiciles fixes dans la rue, le sort s'est acharné sur eux et ils achètent de l'alcool pour lutter contre le froid.

Cette situation est intolérable dans un pays comme la France.

La France est un grand pays avec des hommes et des femmes intègres c'est pour cela que cela en fait une grande puissance mondiale.

Ce qui fait la grandeur d'un pays, c'est sa capacité à être magnanime.

Il faut toujours se mettre à la place de son prochain, l'aimer et lui souhaiter le meilleur.

Au fond, nous sommes tous pareils et devant Dieu celui qui aide les autres sera béni.

Les grandes surfaces jettent chaque année des milliers de tonnes de nourritures, cette situation n'est pas normale lorsque l'on sait que des familles entières ont du mal à joindre les deux bouts et se nourrir convenablement.

Ne peut-on pas voter une loi qui donne le droit aux hypermarchés de distribuer gratuitement aux SDF de la nourriture ?

Pour lutter contre la pauvreté, il faut être déterminé et engagé.

Des centaines de frères et sœurs s'engagent dans des associations et organisent des maraudes pour venir en aide aux nécessiteux.

Quelle joie de se rendre utile et de faire de bonnes actions comme Allah nous l'a demandé !

Parfois en hiver, c'est difficile pour les personnes sans abri et il faut absolument se mettre à leur place et les aider comme on peut si on a les moyens.

Ce n'est que de cette façon que le monde évoluera vers le meilleur.

Dieu nous teste chaque jour sur notre capacité à donner et comme dis la maxime donner c'est recevoir.

La zakat est un dépôt auprès de Dieu et celui qui s'en acquitte se verra récompensé par Dieu et sa richesse lui sera multipliée.

Il ne faut jamais négliger cela.

C'est un principe dans la religion, celui qui donne de ses biens dans le sentier d'Allah sera récompensé de sa générosité.

Ne pensez-vous pas qu'il vaut la peine de se sacrifier pour Dieu ?

De tout temps, les hommes ont sacrifié de leur richesse pour la religion comme Abu Bakr, le compagnon du prophète Muhammad (saws), qui a donné une partie de ses ressources en faveur de l'islam. N'est-ce pas magnifique ?

De nos jours, c'est l'individualisme qui a pris le dessus, chacun ne pense qu'à sa propre personne.

Cette situation est dramatique, car chacun se renferme et ne regarde plus la souffrance de l'autre.

Allah dit dans le Coran que celui qui apaise la souffrance d'un autre être humain sera protégé de tout mal au jour du jugement dernier.

Pour cette unique raison, je pense qu'il vaut la peine de sacrifier un peu de ses biens pour le bien commun.

Lorsque vous croisez un pauvre dans la rue, ne serait-ce que lui passer le Salam ou le Bonjour est une chose bénéfique.

Tout acte de bien envers son prochain est une bonne chose et chaque jour est l'occasion pour le croyant de faire le bien autour de soi.

Il ne faut négliger aucun acte de bien, car cela fait du bien à celui qui reçoit le bien et cela est aimé de Dieu.

Dieu aime que l'on se soutienne et que l'on s'entraide.

Il n'aime pas les personnes avares qui profitent des autres.

Pour cette raison, il est important de respecter les règles divines, car celui qui pratique correctement la religion gagnera l'amour de son seigneur. Dieu aime la bonté et la générosité.

Il aime les caractères nobles donc si tu essaies de t'améliorer en tant que personne ne pense à cela.

Dis-toi que tout don que tu feras à un pauvre que ce soit de la nourriture ou de l'argent ou même des vêtements n'est pas un mauvais investissement.

Si tu fais un don pour la mosquée ou pour aider à construire une mosquée c'est aussi une très bonne action, sache-le.

Tous les actes de bien en faveur de la religion te seront récompensés si tu le fais de bon cœur.

L'important quand tu donnes c'est de le faire avec un cœur pur et avec l'espoir d'obtenir la satisfaction d'Allah.

La lutte contre la misère doit être une chose importante dans la vie du croyant, il ne doit jamais rester insensible à cela.

N'oublie jamais que chaque action que tu fais dans la vie est notée par les anges donc tu dois faire en sorte d'obtenir la satisfaction de ton seigneur à chaque instant.

Si tu donnes, tu ne seras jamais perdant.

La zakat est un pilier, une obligation religieuse donc Allah le Tout-Puissant sait pourquoi il nous l'a prescrit comme pilier.

Le sens du partage est donc au cœur de la religion, c'est une sécurité pour la nation.

Chapitre XXVIII
Être fier de soi et de sa religion

Parfois sur le chemin de Dieu, on trébuche sur des difficultés et on peut perdre confiance en soi et avoir des coups de mous.

Cela faisant partie de la vie du croyant, il faut l'accepter, mais il ne faut pas démordre sur la foi et la pratique.

La prière est un des fondamentaux de la pratique religieuse.

Nous nous disons qu'il est trop difficile de pratiquer sa religion dans un pays non musulman, mais il faut savoir que la Terre appartient aux Hommes, si l'on se réfère aux humanistes.

La tolérance est la puissance nominale de tout dogme douteux et fascisant.

Certains préfèrent le pouvoir à la raison, mais même les concepts sont pondérables.

Cela dit, l'islam fait injonction à la connaissance, ainsi qu'à la tolérance.

Malheureusement, certains veulent prêcher, mais sont dépourvus d'un bon niveau de compréhension de la religion ; d'autant plus que l'on remarque certaines finalités viciées ; au lieu de prêcher la paix, ils prêchent la haine et cela sans compter les réactions en chaîne alors propagées.

On peut synthétiquement citer l'exemple de ces milices, sous couvert de djihadisme, composées de jeunes aliénés partis s'engager en Syrie, faire la guerre, leur a promettant monts et merveilles (paradis céleste, argent, mariage, etc.)

Du même coup, fortement discutable est le concept de guerre sainte : personnellement, ce n'est pas un exercice ou le musulman (converti ?) devrait s'épanouir.

Cela personne ne peut le nier.

Aussi, les attentats en France ont vraiment donné une mauvaise image des pratiquants.

Le front national est notamment monté au créneau, certains appelaient à interdire les mosquées en France, ce ne fut pas seulement une catastrophe, mais un tournant.

Bien heureusement, bon nombre de Français ne sont pas abrutis ; l'idéalisme a laissé place au relativisme et à la déconstruction ; ces faits étaient plutôt l'œuvre d'individus déséquilibrés mentalement.

Mes chers soyez fiers de votre ouvrage spirituel, la dévotion sera toujours – bon an, mal an – reconnue.

Dieu veut le bien pour ses créatures.
Dès lors, soyons capable de se dire que la religion est un bien pour nous et qu'en s'y conformant on attirera alors le succès.

Nelson Mandela a été emprisonné pendant des années avant de devenir président de la République. Ce n'est qu'un exemple parmi tant d'autres, mais tout cela pour dire que ces hommes qui ont réussi ont dû réaliser un parcours avant de devenir quelqu'un.

En ce qui concerne la religion, c'est pareil, Dieu nous éprouve afin de nous élever en degré.

C'est la souffrance qui fait évoluer dans la vie et à l'époque des pieux prédécesseurs, ils s'affligeaient quand ils voyaient qu'ils n'étaient pas éprouvés.

Être fier de soi est très important pour avancer dans la vie.

En effet, l'estime de soi se conquiert en respectant les ordres d'Allah.

Il faut toujours se dire que demain sera un jour meilleur et ne jamais être triste dans la vie, car tout ce qui nous arrive n'est que le destin.

À force de braver les épreuves, le croyant acquiert une assurance et une confiance en lui qui le rend inébranlable. « Ce qui ne te tue pas te rend plus fort », d'après Mao Zedong.

En effet, plus on avance dans la vie, plus on devient sûr de soi, et si on respecte les ordres d'Allah en priant, il nous donnera toutes les qualités nécessaires à notre bien-être spirituel, et ce, quelle que soit notre situation financière.

La persévérance dans la prière fait cesser les péchés, et au fur et à mesure que le croyant cesse de pécher sa confiance en lui-même augmente : c'est un cercle vertueux.

C'est pour cela que la prière est un des piliers les plus importants de la religion, car elle attire de nombreux bénéfices.

Il y a l'exemple de ce jeune homme qui abandonna la prière du jour au lendemain, il fut touché par des soucis financiers et des problèmes de santé, mais lorsqu'il reprit la prière, tout s'arrangea.

Pour affûter la morale religieuse, j'opte donc pour :

- La tolérance ;
- La prière ;
- Les efforts.

Chapitre XXIX
La relation avec Dieu

Dieu est vivant.

On ne peut certes aucunement l'imaginer, mais on sait qu'il est là et qu'il nous voit et nous entend tout le temps. Il ne faut donc pas hésiter à lui et lui confier nos peines, nos doutes, nos envies et nos besoins.

Quand tu te confies à Dieu, sache qu'il t'écoute et qu'il veut que tu t'en remettes à lui en exclusivité.

La relation que j'entretiens avec Dieu est belle, je sais qu'il est toujours là pour moi et qu'il prend soin de moi.

Qui de meilleur que Dieu pour assurer ton confort et ta sécurité sur cette planète ?

La logique voudrait qu'on s'en remette à cet être supérieur pour gérer notre vie, car le monde est trop complexe pour que nous n'ayons pas besoin d'une puissance supérieure pour prendre soin de nous.

Lorsque tu pries, sache que Dieu est satisfait de toi et lorsque Dieu est satisfait de toi alors il te donne sans compter.

Dieu veut le bien pour ses créatures et il veut que nous soyons heureux.

Il a créé le paradis pour l'éternité pour que nous puissions en jouir de façon grandissante et illimitée.

Quelle générosité de sa part !

Dieu souhaite nous accueillir dans son vaste paradis, mais avant cela nous devons être testés, car le paradis comme tout dans la vie se mérite.

Pour pouvoir se rapprocher de Dieu, il faut bien sûr prier, mais aussi faire beaucoup d'invocations et demander pardon s'il nous arrive de commettre des péchés.

C'est aussi simple que cela.

Le paradis est facile d'accès, mais il faut la volonté de devenir une personne pieuse.

La vie peut être dure parfois et se reposer sur le créateur est apaisant et reposant.

Il faut essayer mon frère, ma sœur de lire le Coran et de l'écouter régulièrement pour accueillir la bénédiction divine.

Plus tu vas te rapprocher de Dieu, plus Dieu va t'éprouver, car comme il est connu de la religion musulmane, Dieu éprouve les créatures qu'il aime.

Toute sorte de fatigue, maladie et pertes de proches ont touché les prophètes, mais cela ne les a pas empêchés d'être les meilleurs des hommes en termes de comportement.

Si tu persévères dans l'apprentissage de la science religieuse, tu te rapprocheras inévitablement de ton créateur.

Le prophète (saws) a dit : « Quérir la science de la religion est une obligation pour chaque musulman » c'est-à-dire qu'il faut apprendre la religion pour pouvoir la pratiquer correctement.

Tout s'apprend dans la vie et même pour prier tu dois apprendre comment faire les gestes de la prière.

Dieu peut faire évoluer ta situation si tu t'accroches à la science donc il ne faut pas négliger cela.

La relation que tu entretiens avec Dieu comme dans la vie se doit d'être une relation honnête.

Il faut faire l'effort de s'engager et ne pas délaisser la pratique qui est la chose essentielle.

La pratique religieuse te permettra d'avoir la baraka et d'avoir une stabilité mentale.

Le prophète était celui qui pratiquait le mieux la religion, il priait toujours toutes ses prières à l'heure, il jeûnait régulièrement, il faisait la zakat (l'aumône aux pauvres) ; il avait le meilleur des comportements c'est pour cela qu'il avait le statut de prophète, car il était le meilleur exemple à suivre en termes de pratique religieuse.

Sa foi était si forte qu'il a pu réaliser des miracles grandioses tels que le voyage nocturne (al Isra).

Se rapprocher chaque jour de Dieu te permettra de repousser les pièges du diable et d'avoir une sérénité dans ta vie (sakina).

Quand Dieu aime son serviteur, il lui fait ressentir en lui mettant une douceur dans son esprit et dans son cœur.

Dieu nous aime et il veut nous pardonner nos manquements, mais cela est possible seulement sur terre.

C'est pour cela que l'on dit que ce monde est une terre de semence.

Après la mort, on ne pourra plus faire de bonnes actions alors c'est maintenant qu'il faut construire sa place au paradis, mon frère, ma sœur, car tu ne connais pas le jour de ton décès qui peut survenir à tout moment.

Il ne faut donc pas avoir peur de la mort, mais il faut plutôt s'y préparer.

Cela est la caractéristique de la personne intelligente.

La mort n'est que le début d'une nouvelle vie, le voyage pour l'au-delà et deux destinations sont possible : le paradis pour l'éternité ou l'enfer pour l'éternité.

Fais donc en sorte de mettre toutes les chances de ton côté afin d'accéder au paradis.

Dieu n'agrée que le bien dans cette vie et c'est en pratiquant que l'on assure un bon avenir.

Pour avoir une bonne relation avec Dieu, il faut faire en sorte de ne pas commettre des péchés.

Cela est essentiel, car les péchés assombrissent le cœur et déclenchent la colère de Dieu.

Les péchés peuvent conduire à la déchéance, donc il faut veiller à ne pas en commettre.

Il faut faire en sorte de prendre soin de son âme en pratiquant les bonnes actions et en évitant au maximum de pratiquer les interdits c'est comme cela que l'on deviendra pieux et que l'on aura l'amour d'Allah dans sa vie.

La relation avec Dieu est une des choses les plus importantes et essentielles dans la religion, car c'est elle qui fait nous sentir bien dans notre peau.

Pour rester dans le droit chemin, il faut veiller à faire beaucoup d'invocations, car cela demande beaucoup de force de rester sur le droit chemin et sans l'aide de Dieu cela est impossible.

Les invocations sont là pour nous protéger et nous assurer un bon avenir, il ne faut donc pas hésiter à les réciter.

Je conseille d'ailleurs aux frères et aux sœurs d'acheter le livre « la citadelle de musulman » qui est un des recueils d'invocations les plus célèbres.

Plus tu prendras l'habitude de réciter les invocations et faire la prière et plus la foi augmentera dans ton cœur. Avec le temps, tu délaisseras les péchés, car ils te paraîtront repoussants et tu te rapprocheras d'Allah.

Le but est d'avoir une âme propre qui déteste commettre des péchés et qui aime adorer Allah. Nous avons été créés pour adorer Allah et c'est vers lui que nous retournerons.

Chapitre XXX
Projections sur l'au-delà

Jour après jour, nous luttons contre l'inévitable.

Cependant, une chose est sûre ; nous mourrons.

De même, ce spectre funeste déchaîne les passions.

On approche l'avenir comme on peut, mais seul Dieu le connaît.

Il faut donc faire en sorte de mourir dans un bon état, car premièrement on sera ressuscité de la manière dont on est décédé et il vaut mieux que l'on soit ressuscité sur un acte de bien plutôt que sur un péché.

Il faut donc penser à la mort régulièrement, car c'est une réalité.

La mort n'est pas une fin en soi, bien au contraire c'est le début d'une nouvelle vie, la vie de l'au-delà.

La vie de l'au-delà sera éternelle alors que la vie sur terre à une durée limitée c'est pour cela que tu dois comprendre qu'il faut tout miser pour accéder au paradis.

Le fait de penser à la mort te fait prendre conscience de la réalité et tu sais que tu n'es que de passage dans cette vie donc tu n'es pas attaché aux choses de ce bas monde.

La mort cependant fait peur, car elle est une inconnue totale pour tous, personne n'a témoigné être revenue de la mort donc la mort est irréversible et c'est bien cela qui inquiète.

Le musulman est conscient des choses et il se prépare chaque jour pour le jour de sa mort afin d'avoir le plus de chance d'aller au paradis et d'échapper au châtiment de la tombe et de l'enfer.

Il faut donc mon frère, ma sœur ne surtout pas négliger ses prières, faire en sorte de les faire à l'heure pour obtenir l'amour et la miséricorde d'Allah.

Allah souhaite que nous réussissions, mais nous devons nous soumettre exclusivement à lui et respecter ses lois.

Les lois divines ne sont pas descendues afin de nous contraindre, mais plutôt pour nous permettre de réussir le test de la vie.

Deux destinations seront possibles après la mort, ce sera le paradis ou l'enfer et nous serons jugés en fonction de nos actions.

Il faut donc s'efforcer de pratiquer la religion et les bonnes actions mon frère, ma sœur.

Les bonnes actions c'est ce qui te permettra d'accéder au paradis et la meilleure des œuvres c'est la croyance en Allah et en son messager, le prophète Muhammad (saws).

Si nous avons peur de mourir, c'est que nous ne sommes pas prêts à mourir, c'est que nous avons des manquements dans notre pratique religieuse, car le croyant doit être prêt à chaque instant c'est-à-dire qu'il doit faire un maximum de bonnes actions pour ressentir qu'il est sur le bon chemin.

La mort n'est pas vue comme quelque chose de négatif dans la culture islamique, nous savons que c'est le commencement de la vraie vie « la vie éternelle ».

Le paradis est le lieu de tous les plaisirs et de la jouissance infinie c'est un endroit merveilleux que nul homme ne peut s'imaginer, c'est un endroit magnifique et merveilleux où tout est possible et où la souffrance est bannie.

Pour pouvoir y accéder un jour il faut déjà commencer par y croire, car la croyance c'est la base de tout.

On ne doit pas s'imaginer la mort comme quelque chose qui mettra fin à nos rêves et qui achèvera nos vies pour toujours, la mort c'est un passage obligé pour tous, Dieu nous la donne afin que nous puissions le rejoindre au paradis donc il faut s'efforcer de demander à Dieu de nous accorder une bonne fin dans nos invocations inch Allah.

On ne doit pas avoir peur de la mort, celle-ci n'est qu'une étape pour accéder à l'autre vie : l'au-delà.

L'au-delà c'est la vraie vie, c'est la vie éternelle de félicités que Dieu promet à celui qui aura cru en lui sur terre.

Il faut s'efforcer de faire de bonnes actions afin de gagner des hassanets et pouvoir aller au paradis.

Au jour du jugement dernier, nous serons tous jugés sur les actes que nous aurons commis sur terre. Ceux qui auront beaucoup de hassanets auront le privilège incroyable d'aller au paradis.

Les bonnes actions sont validées par la croyance, c'est-à-dire qu'il faut avoir une bonne croyance pour que ces actions soient agréées par Allah.

C'est donc un grand privilège que d'être musulman, car parmi des millions d'êtres humains, le musulman est choisi par Dieu pour l'adorer et avoir la chance d'accéder au paradis.

Mourir est inévitable, mais il faut faire en sorte de mourir dans un bon état, car celui qui n'aura pas cru ira en enfer pour l'éternité.

L'enfer est le pire des endroits, c'est un lieu où les souffrances physiques et morales sont inimaginables et il faut tout faire dans cette vie pour l'éviter.

Tant que nous sommes en vie, faisons un maximum d'effort pour plaire à Dieu, car après notre mort il sera trop tard pour revenir en arrière.

Le croyant doit s'efforcer de penser à la mort chaque jour de son existence pour se rappeler qu'ici-bas tout est éphémère. La mort ne prévient pas, elle peut survenir à n'importe quel moment dans la vie de l'être humain, c'est pour cela qu'il faut se préparer en conséquence et faire le nécessaire pour mourir dans un bon état.

Penser à la mort ne doit pas te rendre triste, mais plutôt te faire prendre conscience de la réalité qui est que l'on quittera ce monde tous un jour sans exception.

On doit donc accueillir la mort comme une délivrance et non comme un fardeau.

Il faut demander à Allah qu'il nous accorde une bonne fin, c'est-à-dire mourir en pleine soumission.

La prière est donc l'œuvre la plus importante pour se préparer à cela et c'est pour cela que tu dois croire en Dieu et tout faire pour te rapprocher de lui chaque jour.

Il faut faire en sorte de diminuer voire de supprimer de sa vie tous les péchés majeurs comme la fornication qui nous touche plus particulièrement à notre époque.

Conclusion

Sur le chemin de Dieu, tu seras amené à vivre des épreuves de toute sorte, car nous avons été créés pour une vie de lutte. Ce livre a été écrit dans le but de t'apporter la motivation nécessaire pour continuer à avancer dans ta vie. Je ne suis ni savant ni imam, je suis un musulman comme tout le monde qui a voulu écrire sur son époque. Je demande pardon à Allah et aux personnes si vous avez constaté des erreurs, si tel est le cas je vous invite à m'en faire part à l'adresse mail beauscenario@hotmail.com.

Pour beaucoup de personnes, le but de la vie est de gagner beaucoup d'argent et ce n'est pas une mauvaise chose. Il faut être ambitieux et c'est normal de vouloir réussir.

Tu ne dois pas oublier notre créateur, car au jour du jugement dernier nous serons interrogés sur nos actes et principalement sur la prière. As-tu fait les efforts nécessaires pour la faire à l'heure ? L'as-tu faite correctement ? L'Islam veut t'apporter la paix sur terre et le bonheur éternel dans l'au-delà, crois-y et tu verras que toutes les portes s'ouvriront inch Allah. Tout est possible à celui qui croit, je dois m'adresser aux jeunes en particulier et leur dire : misez sur la religion et sur Dieu vous ne serez pas déçus, c'est le meilleur chemin que vous puissiez emprunter et le plus lucratif et durable.

Le chemin de Dieu vous attend, alors, foncez ! Demandez à Allah et il vous répondra à coup sûr ! Bon courage à tous !

Silas Garba

Imprimé en Allemagne
Achevé d'imprimer en novembre 2023
Dépôt légal : novembre 2023

Pour

Le Lys Bleu Éditions
40, rue du Louvre
75001 Paris

www.ingramcontent.com/pod-product-compliance
Lightning Source LLC
Chambersburg PA
CBHW062342010826
49168CB00024B/228

* 9 7 9 1 0 4 2 2 1 2 8 3 4 *